SINAL
DE LUZ

SINAL DE LUZ

EUDES VERAS GOMES

Pelo Espírito Catarina

Copyright © 2014 *by*
FEDERAÇÃO ESPÍRITA BRASILEIRA – FEB

1ª edição – Impressão pequenas tiragens – 5/2023

ISBN 978-85-7328-838-4

Todos os direitos reservados. Nenhuma parte desta publicação pode ser reproduzida, armazenada ou transmitida, total ou parcialmente, por quaisquer métodos ou processos, sem autorização do detentor do *copyright*.

FEDERAÇÃO ESPÍRITA BRASILEIRA – FEB
SGAN 603 – Conjunto F – Avenida L2 Norte
70830-106 – Brasília (DF) – Brasil
www.febeditora.com.br
editorial@febnet.org.br
+55 61 2101 6161

Pedidos de livros à FEB
Comercial
Tel.: (61) 2101 6161 – comercial@febnet.org.br

Dados Internacionais de Catalogação na Publicação (CIP)
(Federação Espírita Brasileira – Biblioteca de Obras Raras)

C357s   Catarina (Espírito)

         Sinal de luz / pelo Espírito Catarina; [psicografado por] Eudes Veras Gomes. – 1.ed. – Impressão pequenas tiragens – Brasília: FEB, 2023.

         104 p.; 21 cm – (Coleção Romance Espírita)

         ISBN 978-85-7328-838-4

         1. Romance espírita. 2. Obras psicografadas. I. Gomes, Eudes Veras. II. Federação Espírita Brasileira. III. Título. IV. Coleção.

                                                   CDD 133.93
                                                   CDU 133.7
                                                   CDE 80.02.00

Rogo a Deus, ao Mestre Jesus, Maria Santíssima e aos bons Espíritos bênçãos à humanidade;

Dedico à minha esposa Regiane e aos meus filhos Mycael e Myguel, aos quais agradeço a paciência;

Aos irmãos de coração, Wellington *(in memoriam)* e Lauro, que, desde cedo, proporcionaram-me uma infância rica de oportunidades, crescimento moral e amizade eterna;

Todas as alegrias obtidas neste trabalho devem-se especialmente à Ligiany, o grande sinal de luz desta minha existência.

SUMÁRIO

PREFÁCIO 9

PRÓLOGO 11

1 A MORTE 13

2 A VIDA 21

3 AMPARO 29

4 O TRABALHO 33

5 DENSIDADE 39

6 OS PASSES 45

7 O REENCONTRO 51

8 SOLIDÃO 59

9 DESDOBRAMENTO 65

10 COMUNICAÇÃO 71

11 O RESGATE 79

12 DA DESPEDIDA AO ACALENTO 87

13 À LUZ DA VERDADE 95

POSFÁCIO 101

PREFÁCIO

Nesta filosofia, estaremos diante da verdade absoluta, em um plano ora desconhecido, mas para todo o sempre magnífico. Lembro-me da frondosa figueira que preencheu todo o meu ser; das lições vividas e, foram inúmeras, mas cito as essenciais, conforme meu julgamento: saber que a morte é inexistente e que somos nós herdeiros do reino de Deus; somos capazes de sobreviver para todo o sempre, desejando que o amor contagie a humanidade.

Nestas poucas páginas, depositamos nossos sonhos mais profundos e estimamos que, por todos os séculos, sejamos livres e possamos ser integralmente felizes.

Nada é por acaso, conhecemos inteiramente as nossas falhas e decepções, como se o manto do esconderijo e da mentira caísse e revelasse a nossa verdadeira face.

Que Jesus ilumine todos os que lerem estas páginas, abrindo-lhes os olhos e permitindo-lhes que a intensidade desta luz tocante alcance profundamente os corações, quando, assim, poderão ver o universo esplendoroso, por meio deste singelo *Sinal de luz*.

CATARINA
INDIAPORÃ (SP), 4 DE OUTUBRO DE 2013.

PRÓLOGO

Em que se torna a alma no instante da morte?
"Volta a ser Espírito, isto é, retorna ao mundo dos Espíritos, que havia deixado momentaneamente."(LE, q. 149)

Até parecia ironia, ou mesmo crença, um mundo de fantasia, magia, como um conto de fadas, ou sei lá o quê. No ápice de uma vida, a pergunta 149 de *O livro dos espíritos*, sob a codificação de Allan Kardec, como que nos abre todo um mundo paralelo, que coexiste na mais perfeita harmonia, contudo, diferente do que conhecemos na realidade objetiva da vida material.
Mas, afinal, qual dos dois mundos é o mundo real? Por mais estranho que pareça, ainda tenho como resposta imediata, via consciência, a afirmação de outros tantos mundos; uns de perfeita e harmoniosa evolução, alguns de angústia e retratação; existências diferentes, corpos físicos diferentes, mas uma só alma, um só Espírito!

Uma morte totalmente inexistente, em uma viagem ininterrupta, como os sonhos que tivemos ainda encarnados. Uma luz que não ofusca nem cega, que ilumina incansavelmente nosso planeta de expiações e provas, momento crucial de uma luta incomum entre o ter e o ser.

Uma campina verde esmeralda, com flores nunca vistas por mim; uma pobre, solitária e majestosa figueira, dando uma sombra fortificante e uma sensação de conforto, como nunca havia sentido antes.

1
A MORTE

As árvores passavam tão rapidamente, que até pareciam leões no momento da caça; papai e mamãe falavam constantemente sobre o quanto estavam cansados. Lembro-me de que a noite vinha caindo e, com ela, toda a claridade do dia. Não sei bem ao certo até onde podia enxergar, se bem que nem me importava, preferi tirar o cinto de segurança e me deitar no banco traseiro, pois, também estava muito cansada.

Lembro perfeitamente do que minha mãe falava, sempre preocupada com o dinheiro e a estabilidade financeira de toda a família, mas ela não era má, penso que só tinha medo da má administração de meu pai. Papai era um sonhador, acreditava que a luta e o bom apreço poderiam levá-lo ao sucesso constante. Já eu, com meus 17 anos, nem mesmo sabia, de verdade, o que era o sucesso nem almejava sonho algum.

A noite chegou; mamãe pedia constantemente que papai encontrasse um lugar para a gente dormir e descansar, mas aquela viagem ao litoral foi mais tempestade do que calmaria; o retorno para nossa humilde casinha era imaginavelmente encantador e prazeroso naquele momento.

Ah, minha casa! Daria tudo para sentir seu cheiro, mesmo que mofado, o ranger de seu piso ou a maciez de minha cama. Existem coisas que a gente nunca esquece como o sabor de uma boa comida com um temperinho que só a mamãe sabia fazer. Meu Deus! Como era bom escutar aquela goteirinha sobre o forro, ouvir o vento uivar dentre as frestas das janelas ou até mesmo sentir o cheirinho do café passado na hora e ainda ouvir mamãe gritar: "Levante-se, Cristyna, é hora da escola!".

Papai freou bruscamente, que susto! Até mamãe disse um palavrão, mas a explicação veio logo: um pobre macaquinho cruzou a pista e quase morreu; para não matar o bichinho, papai freou e quase matou a gente. Sentei-me imediatamente, puxei o cinto e travei.

— Eu sou jovem demais para morrer! — Exclamei, e meus pais ainda tiveram a audácia de rir.

— Acalme-se, filha, o susto passou, estou muito atento e nada de mal vai lhe acontecer.

— Puxa, Carlos, ainda acho melhor pararmos, veja, ali tem um posto aberto.

— Está bem, Helena, a gente para, pelo menos assim você não fica me aborrecendo!

Esta discussãozinha era completamente comum entre os dois, não se entendiam nunca, mas se amavam. O posto onde paramos parecia mais um *set* de filmagens de um filme de terror: aquela luzinha que ficava piscando, mas nunca acendia de verdade, aquele barzinho aos fundos, com o atendente nos olhando, sem nenhum ar de riso. Fiquei arrepiada, completamente assustada, papai foi na frente, diretamente ao banheiro, ficando somente mamãe e eu. Sei que estava acordada, mas, em um lugar daquele, parecia um pesadelo.

— Pronto! — disse papai saindo do banheiro e afirmando que havia parado conforme mamãe pedira, e perguntando se queríamos comer algo.

— Credo! — indignei-me, imaginando como seria comer algo naquele lugar; mamãe ficou irada, mas não poderia reclamar, afinal foi ela quem escolheu o lugar.

Foi hilário! De volta ao carro e novamente à rodovia, continuamos nosso regresso e ainda faltava muito. De repente, me deu sono, mas estava insegura quanto a poder soltar meu cinto, lembrava-me claramente do macaquinho.

— Cristyna, está com sono? — Lembro-me de mamãe perguntando.

— Não, mamãe, ainda não!

Pior do que mentir era ter que fingir que não queria dormir, com o propósito de sustentar a mentira. Papai bocejava. Estávamos muito cansados de fato, soltei meu cinto, avancei meu corpo entre os bancos para ligar o som. Naquela hora, ou melhor, naquele segundo, tudo mudou.

Não sei o que houve, nem sei se foi culpa minha, nosso carro rodava, girava feito um peão. Os gritos de mamãe não me saem da cabeça. Senti um ardor por todo meu corpo, depois um vento forte como se eu estivesse voando livre no ar. Havia muita fumaça e poeira. Um feixe de luz, como se fosse um disco voador, pairou sobre mim e, em instantes, sumiu na escuridão. Ouviu-se um barulho ensurdecedor, seguido de absoluto silêncio.

Vi-me estirada no chão, parecia uma pastagem, mas completamente seca e empoeirada; era estranho eu mesma me ver. Mas lá estava eu; pensei e gritei por meus pais, mas o silêncio era intenso. Chorei, deveria chorar, estava sozinha, com medo, tinha medo daquele silêncio eterno, medo da solidão. Foi quando escureceu ainda mais, o que me fez tremer de tanto medo.

Pensei muitas coisas, mas todas elas não me levavam a nenhuma resposta, só poderia ser um sonho, ou melhor, um pesadelo. Tinha que me acalmar, pensar mais, raciocinar. Parece ter dado certo, o carro rodava, lembrei-me do ardor de meu corpo e pude me ver sendo lançada, atravessando os vidros de nosso carro, voando pelo ar, sendo arremessada contra o chão daquele lugar. Aquilo que parecia um disco voador eram as luzes do carro de meus pais que passaram por mim e sumiram no horizonte.

Meu Deus, meus pais estão mortos! Talvez machucados, preciso achá-los, para onde devo correr, em que direção? O escuro era intenso, me apalpei, estava bem, estava viva.

— Papai, mamãe! — gritava incansavelmente.

Então sentei-me, chorava aos soluços, não havia nada que eu pudesse fazer, não havia direção a seguir. Nesta hora, escutei um barulho, como se alguém que caminhava houvesse pisado em um galho seco. Uma luz, como de uma lanterna, distante, vinha ao meu encontro, quanto mais próxima, maior ela ficava.

Percebi que não era uma luz, mas, sim uma pessoa, um homem todo vestido de branco; era o tecido que emanava aquela luz intensa, porém serena; logo outros se aproximaram, deveriam ser uns cinco, três homens e duas mulheres, me pegaram pela mão, a escuridão virou luz. Um cheiro de capim molhado veio ao meu nariz, pássaros cantavam um hino maravilhoso, uma figueira tão grande quanto eu pudesse imaginar rodeava proporcionando uma sombra fresca; no campo, flores, flores de tantas cores quanto eu pudesse imaginar que existiam, cena que nunca havia visto em toda a minha vida.

Mas que vida? Será que eu havia morrido? Abaixei a cabeça e comecei a rezar, pedi para Deus não me deixar morrer, não queria morrer, não poderia morrer. Era jovem demais, os sonhos a que eu nunca almejei, era mentira! Sonhei me casar com um príncipe encantado, ter filhos lindos, e viver, viver... Eu queria morrer velhinha ao lado de um amor.

— Cristyna? — Escutei me chamarem baixinho. Era um senhor alto, de bastante idade, um dos que eu havia visto há pouco, mas suas roupas já não emanavam aquela luz de antes, no entanto, ainda eram brancas de dar inveja.

— Eu morri? Quem é o senhor? Que lugar é este?

— Calma, uma coisa de cada vez. Primeiro, sou Daniel e você está na Colônia Boa Esperança. Quanto à morte, será mesmo que alguém pode, de fato, morrer?

— Então, não estou morta?

— Morta?! Claro que não. Você simplesmente deixou aquela veste necessária para sua passagem pela Terra.

— Isso é loucura!

— Agora, acalme-se, tudo tem seu tempo.

— Não tenho tempo, meus pais e eu sofremos um acidente de carro, acho que eles... Espere! Se eles morreram também estariam aqui, não é?

— Não necessariamente.

— Como assim?

— Esta é apenas uma das tantas colônias existentes na casa de nosso Pai maior, portanto, mesmo que estejam desencarnados, podem não estar aqui.

— Daniel, mas...

— Acalme-se, Cristyna! Venha comigo. Está vendo tudo isso, toda esta magnitude, este verde pelos campos, estas flores ou esta majestosa árvore? Essa Colônia foi fundada para receber especialmente pessoas que desencarnaram ainda jovens, apesar de que acolhe transitoriamente também pessoas que desencarnaram em diferentes idades. Agora, deixe eu lhe mostrar a Colônia, confie em mim, aqui não existem falhas.

Quando me disse das falhas, acho que lia meu pensamento, já que pensava, naquele instante, como era errado eu estar lá sem ter meus pais comigo.

Daniel, com toda sua paciência, pegou em minha mão e me conduziu a fechar os olhos, mostrando de fato aquela terra, planeta, dimensão, ou como queiram chamar; um mundo espiritual criado por mensageiros de Deus, com tamanha perfeição que os lugares mais lindos e perfeitos do planeta Terra nunca se aproximarão dele.

Uma cachoeira de águas cristalinas jorrava sobre um riacho que contornava uma pequena ilhazinha. Nesta, havia uma casa simples, como as cabanas das montanhas geladas, não havia pontes, nem barcos. No céu, um arco-íris constante e encantador; dos meus pés até a margem do rio havia campos verdes e bem cuidados, muitas pessoas estavam lá, andando, trabalhando e cuidando de suas vidas.

2
A VIDA

A princípio preferi ficar calada, somente observando, maravilhada com as condições daquele lugar. A figueira que havia visto ficava no centro da ilha e as águas trazidas pela cachoeira a envolviam.

Era curioso, já que o lago resultante das águas deveria ter uns cinco metros de largura e, como disse, não havia pontes e nem barcos, mas pessoas sentadas debaixo da imensa árvore. Fiquei pensativa: como chegaram até lá?

Daniel me olhou nos olhos por alguns instantes, sorriu largamente.

— E por que não poderiam estar lá, Cristyna?

— Você chega a ouvir meus pensamentos?! — Fiquei pasma e não pude deixar de dizer.

— Sim. E, se você quiser, também poderá ouvir os meus.

Parei por instantes, esforcei-me, chegando até a fechar os olhos. Só silêncio! Será que ele não estava pensando em nada?

— Claro que estou pensando. Mas você ainda precisa de treinamentos.

— Puxa! De onde eu venho as pessoas acreditam que vão morrer e descansar, mal imaginam que, ao morrerem, terão que realizar treinamentos.

— (risos) É, Cristyna, treinamentos e trabalho, muito trabalho. A grande maioria dos Espíritos encarnados na Terra acredita unicamente na vida material, proporcionada pela dádiva da reencarnação. Alguns nem sequer se dão ao luxo de aceitar a morte como um retorno ao mundo espiritual. A utopia singular do dia a dia os colocam na situação de donos da verdade.

— Verdade que acaba quando a gente morre.

— Morre?!

— Desculpe-me, vive!

— No começo deste reencontro, tudo parece diferente, mas isso acontece porque o Espírito retorna ao mundo espiritual trazendo resíduos de sua última vida material.

— Mas, Daniel, esta indagação parece loucura; deste lado já é difícil conceber, imagine do outro lado? Morrer adulto e voltar bebê?

— Ora, Nicodemos!

— Que é isso?

— Sim, Cristyna, esta também foi a indagação de Nicodemos ao Cristo, quando Jesus falava da reencarnação.

— Reencarnação dita por Jesus?

— Claro! O Mestre sabia de tudo. E o amado João transcreve com amor e propriedade: "O que nasce da carne é carne, mas o que nasce do Espírito é Espírito".

— Vendo você dizer tudo isso é simples. Morri, mas estou viva. E como posso estar aqui viva e ainda sentir as dores pelo meu corpo? Dores de meu fatal acidente?

— Como já lhe disse, você ainda guarda resíduos de sua última existência, podemos considerar como um banco de informações gravadas no seu *eu*. Mas, agora, caminhe um pouco, não é bom que as informações venham todas de uma só vez.

Não demonstrei reação nenhuma, fiquei estagnada, olhando Daniel afastar-se. Aproveitei o momento para de novo maravilhar-me com os encantos da Colônia. Foi quando avistei uma senhorinha simples, sentadinha em um banco no canto da ilha, parecia triste.

— Olá, minha senhora, como vai?

— Mal, muito mal. Sabe, menina, aqui ninguém é de verdade.

Sorri, o que deixou a senhora desconsertada, mas não pude evitar, era realmente difícil demais aceitar tudo aquilo.

— Há quanto tempo a senhora está aqui?

— Nem sei. Acho que uns vinte dias.

— Eu cheguei agorinha mesmo, também acho que tudo isso é impossível, um sonho talvez, mas está aqui, está acontecendo, é real!

— Também sinto isso. Mas onde está meu velho? Ele morreu primeiro que eu, mas não está aqui.

Naquele instante, lembrei-me de meus pais; que vergonha, a alegria de estar em um lugar tão lindo havia feito esquecer-me deles, mesmo que momentaneamente. Fiquei mal, arrasada.

— Como a senhora se chama?

— Sebastiana, mas pode me chamar de Tiana.

— Olá, de novo, dona Tiana. Vou ajudá-la a encontrar seu marido; quem sabe acabo encontrando meus pais também.

Dona Tiana levantou a cabeça, deu-me um lindo sorriso, ficou de pé e me abraçou. Chorei. Parecia a minha avozinha me abraçando. Que dor! Onde estão os meus queridos? Se eu estava morta, por que não os tinha diante de mim? Papai e mamãe poderiam estar vivos, mas, vovô, vovó, tia Maria, onde estavam?

— Vamos, dona Tiana.

Imaginava eu que, se pudesse, encontrar o marido de dona Tiana eu me encontraria naquele lugar! Caminhei ao lado de minha nova amiga em direção a uma espécie de parede de luz que saía do chão e subia até tocar o céu. Engraçado estar no *Céu* e ainda chamar o alto de céu.

Quando nos aproximamos dessa espécie de parede, do nada, apareceu Daniel.

— Alto, Cristyna.

— Daniel, estávamos, dona Tiana e eu, a procurar seu marido. Ela disse que ele morreu antes dela, mas ela não o encontra.

— Duas ideias se completam hoje. E, assim, duas lições valiosas nascem. Sebastiana, já não lhe disse que seu marido ainda não está pronto?

— Sim, meu filho, mas a dor é grande demais!

— Certo, mas tudo no seu tempo.

Enquanto Daniel falava com dona Tiana, um casal se aproximou de nós e, novamente, pude ver aquelas vestes resplandecentes de luz.

— Agora, Sebastiana, eles vão acompanhá-la até a câmara de passe, onde você depois voltará a ser instruída por meio das obras do Criador.

Dona Tiana acompanhou o casal enquanto Daniel me convidou a caminhar. Fomos lentamente sobre a grama verde.

— Daniel, o que teria acontecido se nós tivéssemos passado pela parede de luz?

— Existem várias possibilidades, Cristyna. Você poderia se assustar com a vasta gama de energias e vibrações emitidas por Espíritos errantes e, quem sabe, retornar à Colônia no mesmo pé?! Quanto à ânsia de Sebastiana pela busca desgovernada ao marido, poderia levá-la a regiões tão inferiores e densas que a atrasaria em anos.

— Nossa! Então eu, que tentei ajudar, estaria atrapalhando?

— De certa forma, sim.

Daniel parou às margens do lago.

— Está vendo aquelas pessoas do outro lado do lago, sentadas à sombra da árvore?

— Sim. Eu as invejo, adoraria estar lá.

— Elas parecem mortas, Cristyna?

— Não. Claro que não. Ninguém aqui parece estar morto.

— Pois, então. Ninguém pode ter aquilo que não existe, não é mesmo?

— É assustador pensar que estou aqui e o meu corpo está apodrecendo em algum lugar.

— Não pense assim. Seu corpo está aqui. O que está apodrecendo é simplesmente uma veste que lhe foi emprestada, como aquele vestido que você tanto ama, mas que, depois, quando já não serve mais, é descartado. Seu corpo material já não lhe serve mais, assim ele sofrerá as mudanças, obedecendo à lei de que na natureza nada se perde, mas tudo se transforma.

— Parece tão simples vendo você dizer isso.

— Mas é simples. Nunca pense que não seja. Deus é muito sábio e nos deixou Leis que nunca mudam, as mesmas que determinaram nossa evolução até os dias de hoje.

— Mas como eles puderam atravessar o lago? Eles vão nadando?

— Claro que não! Já ouviu falar de potencialização do pensamento?

— Poder da mente?

— Digamos que sim.

— Então, se eu quiser e desejar, atravessarei o lago sobre as águas?

— Se você de fato desejar e merecer, tudo poderá!

— Não tenho fé suficiente para isso.

— Vejamos. Você vê aquela cachoeira?

— Sim, é linda!

— As águas dela descem ou sobem?

— Descem, claro.

— Tem certeza?!

— Ah, neste lugar não tenho nenhuma certeza!

— Perspectiva, Cristyna. Tudo depende dela. Se você verdadeiramente crer, aqui ou encarnada em algum mundo, você poderá mover as montanhas a que o Cristo se referiu. As águas descem da cachoeira, não porque se mostra rodando abaixo, mas, sim, porque leis as impulsionam.

— A gravidade?

— É. De certa forma. Mas venha aqui. Olhe para a água deste lago.

— Parece um espelho de tão limpa.

— Sim, parece um espelho, um espelho de sua alma, um espelho de luz.

3
AMPARO

Daniel havia despertado em mim um desejo de liberdade; sentia uma imensa vontade de pisar sobre a água, mas meu medo era intenso.

Novamente, a saudade de meus pais me tocava.

— Daniel, tudo isso é maravilhoso, e fico feliz de ter você como guia, de me mostrar tantas novas possibilidades, mas você ainda não me disse nada concreto sobre os meus pais. Eles estão vivos? Estão aqui em algum lugar?

— Ora, Cristyna, já disse que tudo tem seu tempo.

— É, mas olhando para esta água lembrei-me deles, porque, se você não sabe, nós estávamos voltando da praia quando tudo aconteceu.

— Água. Este elemento é essencial à matéria e até mesmo à semimatéria, que constitui tudo o que aqui se encontra.

Enquanto falava, Daniel abaixou-se e tocou a água, espalhando nela uma radiação tão luminosa que toda a água da cachoeira ao lado tornou-se um espelho de luz. Uma luz tão clara, que resplandecia, mas não feria os olhos. A luz foi aos poucos se apagando, ficando somente um feixe aceso no centro da cachoeira, onde uma espécie de televisão criou uma projeção e eu pude assistir meus pais e eu no carro, voltando para casa.

— Meu Deus, esta TV mostra o passado?
— Veja, Cristyna.

Debrucei-me para ligar o rádio. Meu pai parecia assustado e girou o volante tão bruscamente que o carro capotou. Meu corpo, estirado no carro, sem nenhuma proteção, foi arremessado pelo para-brisa, estilhaçado pelo capotamento e, sobre meu corpo caído, passou o carro voando, após ter tomado impulso em uma vala no acostamento.

Novamente a escuridão, o silêncio absoluto, a luz e a chegada de Daniel com seus amigos. Instantes depois, a TV se apagou, e a cachoeira seguiu seu curso.

— A culpa foi minha? Eu matei meus pais?
— Culpa! Algo para se pensar e refletir. Seria, de fato, uma culpa ou um equilíbrio da balança?

Chorava como nunca chorei antes. É horrível ser responsável por ações que, de alguma forma, destruíram alguém.

— Ora, Cristyna, quem garante que seus pais desencarnaram?
— Será? Será que ainda estão vivos? Meu Deus, eles devem estar agonizando naquela poeira!
— Calma, Cristyna, isso tudo já tem seis meses.
— Como seis meses? O acidente foi ontem!
— Não, ontem você ingressou na Colônia.

— Estou mesmo louca.

— Ouça bem o som de minha voz, fixe-se na escuridão absoluta que você diz ter visto depois do acidente. Encontre uma fagulha de luz em tudo isso e se concentre nela. Deixe-a brilhar, clarear todos seus pensamentos, proporcionar a liberdade que tanto deseja.

Conforme Daniel narrava, meus pensamentos foram sendo tomados por uma incrível luz em meio àquela horrenda escuridão. Pouco a pouco, tudo foi-se acendendo e lá estava eu, inerte, no chão. Via-me, o que era estranho; mais adiante, o carro capotado com as rodas para cima. Mamãe gritava meu nome. Arremessada contra o vidro e sem o cinto de segurança, encontrava-se a uns passos do veículo. Caminhei até ela, vi que havia uma fratura exposta em sua perna, tentei ajudar, mas foi em vão. Então procurei papai; ele estava segurando o volante, de ponta-cabeça, preso ao cinto de segurança e totalmente inconsciente. Mamãe levantou um pouco a cabeça e viu-me atirada e imóvel no chão, deu um grito tremendo que parecia mais uma explosão, um barulho ensurdecedor. Depois desmaiou, no mais absoluto silêncio.

Corri para a rodovia, gritava por ajuda. Os carros passavam um a um, e nada. Então, resolvi ir para o meio da pista; já estava morta mesmo, não poderiam me fazer mal, instante em que o caminhoneiro buzinou e freou bruscamente, vindo parar no acostamento. Levantou as mãos para o céu e coçou a cabeça. Corri imediatamente até lá, esperei na porta para mostrar-lhe o local, mas, ele debruçou-se sobre o painel e por si só avistou o carro, abriu a porta desceu rapidamente e, por mais incrível que seja, atravessou sobre mim, como se eu e o ar fôssemos apenas um.

Fiquei chocada, mas também aliviada, tão logo ele chamou socorro, ligou para a polícia, penso eu, que muito rapidamente chegou acompanhada de enfermeiros e da ambulância. Então, caminhei até o acostamento, sentei-me no chão e chorei.

— Tem uma garotinha aqui também! Ajudem-me!

Levantando os olhos, vi a mesma luz se aproximando, e Daniel e seus amigos me socorrendo.

Mas, diferente do que havia pensado, lá estava eu, deitada em um leito de hospital, mas não de um simples hospital! Ainda com dores e muita sede, pedia incansavelmente um copo com água, parecia que ninguém ligava para mim, até que Daniel se aproximou, sorridente, com uma espécie de cuia com água cristalina. Fiquei ali, sendo cuidada por *anjos!*

— Percebe agora, Cristyna, que, na mente perispiritual de cada criatura, encontram-se armazenadas informações de tudo o que lhe aconteceu e inclusive de suas existências anteriores? Assim, quando necessário, a criatura dissipa-se deste véu do esquecimento, e lhe é mostrada a mais pura verdade. Estamos todos, Cristyna, ligados por uma linha quase microscópica entre a sanidade e a loucura. No entanto, não imagine jamais que esta loucura seja estar desencarnada, porque, deste lado, não existem mentiras e nada oculto.

Calei-me.

Daniel estendeu-me sua mão, convidando-me a conhecer a imensidão dessa minha nova morada.

4
O TRABALHO

É interessante o quanto nossos olhos nos pregam peças na vida material; mas, na vida espiritual, isso é ainda mais intenso. A majestosa cachoeira e toda a beleza ainda estavam lá.

No entanto, toda aquela majestade era a fachada de um esplendoroso portal, com feixes de luzes radiantes que se perdiam no alto do céu.

Recordei-me do hospital, onde fui tão generosamente cuidada. Caminhos pequeninos e muito bem cuidados levavam para toda parte; havia outras grandes construções de que não tinha conhecimento.

Daniel não dizia nada, apenas caminhava e eu o seguia. Paramos de frente a uma casa onde inúmeras pessoas, cujas roupas não emanavam luz, eram sujas e algumas até rasgadas, estavam sendo atendidas. Cada uma delas era amparada por uma outra pessoa.

— Onde estamos, Daniel?

— Nesta Colônia, recebemos inúmeras pessoas que foram resgatadas recentemente de regiões umbralinas.

— Umbralinas?

— Sim, regiões espirituais muito densas, onde os Espíritos menos esclarecidos ou altamente devedores se ligam. É nosso dever, senão obrigação, amparar esses irmãos, dando-lhes uma oportunidade, por meio de ensinamentos de que podem resgatar suas provas em uma nova existência.

— Mas, eles também são mortos?

— Não! São desencarnados!

É! Daniel também tinha senso de humor; claro que eram desencarnados; afinal, já haviam me dito *milhões* de vezes: a morte não existe.

Daniel também me explicou neste dia que aquela parede de luz, aonde dona Tiana e eu íamos, na verdade seria uma espécie de demarcação, um limite entre as harmoniosas vibrações da Colônia e as vibrações das regiões umbralinas.

Sabia que papai e mamãe estavam vivos, então não me preocupei com o Umbral.

— Mas, Daniel, e meus entes queridos? Estão todos no Umbral?

— Claro que não, Cristyna. Você não acha que esta é a única Colônia de toda a criação, não é?

Sim. Eu achava.

— Puxa, como somos pequenos!

— "Há muitas moradas na Casa de meu Pai". Quando o Mestre Jesus proferiu estas palavras, deixou a humanidade com uma interrogação muito grande, que agora encontra resposta na mente dos que estão mais amadurecidos e prontos para compreender a realidade espiritual.

— As pessoas que são trazidas para cá voltam ao Umbral?

— Depende de cada um, ou melhor, de suas vibrações.

Continuamos a caminhar entre os trabalhadores e os pacientes daquele lugar.

Havia pessoas que gritavam, outras, que vomitavam, algumas pareciam delirar, outras chamavam pelos seus familiares. Era uma loucura. Mas daí, os trabalhadores começavam a orar, suas mãos propagavam luz e, por toda a sala, pétalas com um magnífico perfume caíam sobre todos. Imediatamente, a serenidade tomava conta do ambiente, e um a um, dormiam como crianças sendo amamentadas.

— O trabalho de vocês aqui é muito lindo. Que pena que na Terra isso não acontece.

— Acontece sim, Cristyna, muito mais do que você imagina. As mesmas energias encontradas aqui na Colônia estão impregnadas em todo o universo, a essência é uma só. Acontece que, na condição de encarnados, estas energias são, na sua maioria, invisíveis às criaturas.

— Também podem essas energias ser manipuladas na Terra?

— Claro que sim. Você não pode canalizar os rios e manipular suas forças, com o propósito de gerar energia elétrica, por exemplo?

— Sim.

— Pois bem, com as energias fluídicas é semelhante. Os que se propõem à prática do bem manipulam essas energias para que cheguem até às criaturas necessitadas.

— Na Terra?

— Claro! Nunca ouviu falar de benzedores, médiuns ou centros espíritas?

— Ah, é muito diferente.

— Em hipótese nenhuma há diferença. Só porque você não enxerga o vento, ele não existe? Os homens de bem na Terra oram pelos necessitados e, impondo as mãos sobre eles, canalizam um fluido tão puro que entra em seus corpos físicos, proporcionando paz e tranquilidade. Alguns possuem sensibilidade para ver os amigos espirituais que auxiliam os encarnados; outros, em sua maioria, simplesmente aceitam essas presenças e se favorecem tanto quanto os demais.

— Meu Deus! Mas e aqueles que não acreditam na vida após a morte, como podem viver tudo isso?

— Aceitar a imortalidade da alma não é requisito para a salvação. Afinal, quantos são aqueles que nunca ouviram falar nem sequer do Cristo, mas, mesmo assim, praticam o amor! Aceitar esta condição não nos salva, mas pode nos proporcionar uma evolução um tanto mais rápida.

— Para aqueles que afirmam que tudo isso não existe, deve ser um pesadelo abrir os olhos aqui.

— A bondade de Deus é ilimitada. Muitos Espíritos voltam ao mundo espiritual e, quase imediatamente, retornam em uma nova encarnação. Alguns vivem por aqui sem ao menos saber que desencarnaram e continuam suas vidas normalmente. Há inclusive aqueles que ficam presos na Terra acreditando estar sonhando. E não poucos são os que vivem as experiências das vibrações densas de regiões umbralinas, de onde só saem se forem resgatados.

— Este é o trabalho de vocês, não é?
— Não, Cristyna, este é o nosso trabalho.
— Então, comecemos! A gente pode voltar à Terra para socorrer alguém através das energias?
— Sim, através do passe.
— Certo. Então, eu poderia ir até lá?
— Qual o seu mérito para isso, Cristyna?
— Mérito?
— Exatamente! O que você fez para merecer que amigos espirituais lhe confiem essa tarefa?
— Ainda não fiz nada, porque, a princípio, acabei de acordar aqui.
— Que bom estar acordada! Mas só acordar não basta, precisamos estar ativos na prática do bem.

Não tive nem palavras; acho que para qualquer outra pergunta que fizesse, naquele instante, obteria uma resposta negativa. Tive que aceitar aquela condição e comecei, naquele mesmo dia, a ajudar os irmãos no trabalho. Eu carregava as roupas rasgadas e sujas até um cesto no canto da sala.

Daniel me apresentou a Carmem, uma jovem trabalhadora que me confessara ter ido poucas vezes às regiões umbralinas, já que os trabalhos aqui na Colônia eram tão importantes quanto o resgate.

5
DENSIDADE

Claro que era muito fácil aceitar a importância dos trabalhos desempenhados por Carmem, mas a curiosidade me corroía, deixando-me totalmente eufórica.

Permaneci ali, o dia todo. Carmem me chamou no final do dia para me dizer que poderia ficar com eles aquela noite e quantas mais eu quisesse.

— Aqui a gente também dorme, Carmem?

— Claro que sim, Cristyna!

Mostrou-me um quartinho simples, com dez camas de solteiro quase que amontoadas, mas o que me surpreendeu mesmo, naquela noite, foi o instante em que alguns amigos de Carmem retornaram da missão de resgate com um senhorzinho todo ferido que gritava.

— Não! Por quê? O que foi que eu fiz? Socorro! Onde você está, Virgem Santa? Nossa Senhora! Socorra-me, livre-me; estes só querem o meu mal.

Gravei cada uma dessas palavras. E, em prantos, não tive forças nem para sair daquele quarto. Carmem logo correu para ajudar o velhinho. Tiago, um dos tarefeiros, entrou no quarto e deitou-se; outros vieram imediatamente lhe aplicaram passes. Era inacreditável ver aquelas energias negras que saíam de suas roupas todas sujas; em contraponto, energias reluzentes entravam. E, em alguns minutos, as roupas de Tiago novamente resplandeciam; o próprio Tiago levantou a cabeça e me pediu água, e eu, claro, lhe dei.

Depois caminhei até a porta e vi o velhinho deitado, assistido por seis amigos da equipe de socorro, entre eles a amiga Carmem. Ele parecia mais calmo, menos perturbado.

— Cristyna?

Que susto, era Tiago.

— Oi, Tiago, está melhor?

— Sim. Ele estava muito abaixo do que eu suportaria.

— Você foi até o umbral com os outros, por isso passou mal?

Nem deu tempo para que Tiago respondesse, Carmem logo retornou.

— Tiago é um aprendiz, Cristyna, assim como você. As regiões densas do umbral desequilibram as criaturas, mesmo que estejam ali para ajudar.

— Deus me livre!

— Agora descanse, Tiago, amanhã será um novo dia. E quanto a você, Cristyna, venha comigo!

— Sim, vamos lá.

— O senhor que hoje foi resgatado chama-se Alberto; ele, quando encarnado, foi o marido da Sebastiana. Daniel me disse que você a conheceu aqui, na Colônia.

— Certamente, a dona Tiana e eu fomos procurá-lo; coitado, ele estava no umbral!

— Agora ele está conosco.

— Precisamos informar a dona Tiana imediatamente.

— Não se apresse, Cristyna. Precisamos primeiro preparar o Alberto para esse encontro; neste momento, ele não tem condições para rever Sebastiana.

— Entendo.

— Agora, vá descansar e, por hoje, chega de perguntas.

Assim eu fiz, caminhei até o quarto. Tiago já estava dormindo. Deitei-me, mas, sem sono, pus-me a pensar ininterruptamente.

O silêncio da noite e a calmaria do ar me transportaram até os íntimos pensamentos ligados aos meus pais. Recordava mamãe clamando por dores e gritando meu nome, desesperadamente, até se apagar, desmaiada. Papai, desacordado, de cabeça para baixo, preso ao cinto de segurança. Era difícil demais. Sentia até o cheiro da poeira. Que sensação horrível!

— Cristyna?

Abri os olhos, assustada; era Daniel. O dia já havia se iniciado.

— Nossa, nem consegui dormir e já é dia!

— Que nada! Pelo visto dormiu tanto que nem viu o dia amanhecer.

Olhei para a cama, toda arrumada, onde Tiago estava dormindo; e, por falar em Tiago, avistei-o junto dos outros no trabalho de passes ao sr. Alberto.

— Nossa! Ontem Tiago estava tão mal, hoje já está ativo.

— As energias se restabelecem enquanto nos desligamos durante o sono. A propósito, Carmem me disse que você ficou muito interessada nas condições de Tiago depois da missão ao umbral!

— Sem dúvida. Pobre rapaz, ficou acabado!

— Podemos dizer que esgotado! As energias fluídicas que compõem nosso corpo espiritual, ou perispírito, se assim o preferir, facilmente se misturam com as energias que compõem o universo. Assim, quando a criatura, mesmo que, por instantes, chega a baixar a vigilância, ocorre um desequilíbrio que causa fraqueza aos desencarnados. Já aos encarnados, apresentam-se sintomas de melancolia, de depressão ou, até mesmo, de doenças inexplicáveis que podem romper a ligação com o corpo físico, ocasionando uma desencarnação precoce e, às vezes, dolorosa.

— Santo Deus, deveríamos nascer com um manual de instruções.

— Que é isso, Cristyna! — disse ele, rindo. A Terra possui toda a instrução de que se necessita.

— E onde ela se encontra?

— No Evangelho de Jesus e nas instituições sérias que têm o propósito de propagar os ensinamentos do Cristo.

— Mas esses lugares nem sempre são sérios. E nenhum deles fala da vida depois da morte!

— Enganou-se, novamente! Não se lembra de nossa conversa de ontem, quando falávamos das energias?

Afirmei movimentando a cabeça; lembrava-me muito bem da conversa, mas não disso.

— Pois bem, aquelas criaturas que mencionamos fazer o bem por meio da doação de suas energias, em sua maioria, são espíritas.

— Sim. Já ouvi falar dessas pessoas quando estava na Terra.

— Essas pessoas, quando verdadeiros espíritas, são discípulos, seguidores do Cristo, e conhecedores da vida eterna.

— Reencarnação.

— Muito bem. Nascer e renascer até a evolução completa do ser, mantendo-o cada vez mais próximo do Criador.

— Daniel, mas o que aconteceu com o Tiago pode se repetir?

— "Orai e vigiai", disse o Mestre.

Daniel, sempre sorridente, caminhou até o sr. Alberto. Fiquei um pouco atrás deles, estava com medo de me aproximar e me sentir como o Tiago.

— Cristyna, venha até aqui!

Minhas pernas tremiam, pensei em dizer não, mas Daniel, além de me convidar, gesticulou, chamando-me com a mão.

A distância era pequena, mas pareciam para mim quilômetros.

6
OS PASSES

Ao me aproximar da porta onde se encontravam Carmen, Tiago, Daniel e o sr. Alberto, eu estava completamente gélida, parecia um picolé.

Daniel pegou-me pela mão direita e Carmem, pela esquerda. Guiaram-me até o leito do sr. Alberto, Tiago estava bem na minha frente, sereno, com os olhos cerrados, e sua boca balbuciava algo, acredito que orava.

Daniel apertou a minha mão.

— Olhe bem, Cristyna, o que você vê sobre a cama?

Interessando-me pela pergunta, comecei a observar o sr. Alberto, pobre homem.

— Um senhorzinho encolhido, parece-me que com frio. Uma pele flácida e enrugada, totalmente indefeso.

Aliás, eu nem imaginava que ele pudesse causar tanto desequilíbrio ao Tiago.

Tiago abre os olhos e olha, compenetrado, em meus olhos.

— O abalo da minha fé não foi culpa dessa pobre criatura, que não me fez mal algum. Somos nós, Cristyna, somente nós, os responsáveis por nossas ações.

— Acredito, Tiago. Desculpe-me ter pensado assim. O que posso eu fazer por ele?

— Concentre-se, compenetre-se e ligue-se aos seus mais íntimos desejos de amor e caridade. Rogue para que os fluidos emitidos por você atinjam nosso irmão. Ore a Deus por sua recuperação, pela reestruturação espiritual dessa criatura. Doe-se, Cristyna. É disso que toda a humanidade necessita: doação. Amar mesmo a quem a gente nunca viu. Emanar, pelos ares, gotas de paz e centelhas de amor, como um grande sinal de luz que purifica a todos que são tocados.

Daniel, Carmem e Tiago impuseram suas mãos sobre o velhinho. Orei e, fechando meus olhos, concentrei-me firmemente, desejando o mais puro e o mais fraterno amor àquela criatura. Daniel, repentinamente, começou a falar com Deus:

Pai de misericórdia e amor, criador de todos nós e de todas as leis, intercedemos pelo nosso irmão que tanto sofreu pelos seus próprios erros, mas que também, hoje, aceitou a verdade, entregando-se a ti com resignação. Senhor Mestre Jesus, não nos desampare, envia-nos teus Espíritos de luz para que roguem a Deus por essa criatura, dando-lhe serenidade e lucidez para continuar a sua caminhada. Como humildes criaturas, suplicamos-te as bênçãos plenas extraídas unicamente de teu coração. E permaneceremos aqui, confiantes em teu Evangelho. Que seja feito conforme a vontade de Deus!

Arrepiada, entreabri os olhos e, impressionada, acabei abrindo-os por completo. Mágico! Um esplendor de luzes, de quantas cores pudesse imaginar, fagulhando, explodindo e caindo sobre o sr. Alberto, que momento a momento, deixava de se contorcer e, pela primeira vez na Colônia, abria os olhos e sorria.

Daniel e Tiago nos deixaram. Carmem, expondo um lindo sorriso, começou a impor as mãos sobre o sr. Alberto; ouvia-se um som, como se estivesse tocando uma melodia e, a cada nota, uma luz de cor intensa, mas, nitidamente clara, contornava não só suas mãos como o corpo por onde passava.

O sr. Alberto foi ficando com uma cor mais saudável, parecia outro homem. Quando Carmem terminou a higiene espiritual, as roupas dele pareciam outras, ainda sem emissão de luz, mas já aparentando limpeza.

— Cristyna, busque água para o Alberto, por favor.

Nem respondi. Imediatamente atendi ao pedido. Já sabia onde estava, desde o dia em que havia buscado água para o Tiago; era uma espécie de bebedouro, no corredor que levava aos quartos. Não havia torneira, a água jorrava constantemente; apanhei um copo e nele depositei água. Retornei apressada ao quarto e, para o meu espanto, o sr. Alberto estava sentado na cama conversando com Carmem.

— Então, minha filha, já faz tempo que eu não vejo Sebastiana.

— Aqui está a água!

— Obrigado, menina.

Carmem tocou-me, sorriu e movimentou a cabeça em sinal de aprovação. Acho que ela e toda a Colônia estavam felizes pela recuperação daquele velhinho. Não sei bem, sei apenas que eu estava radiante. Como podia sentir afeto por quem nunca tinha visto antes?

— Vamos, Cristyna, deixemos que o Alberto descanse; mais tarde retornaremos para vê-lo.

Saindo da casa, cheguei a suspirar, aliviada, não pelo trabalho e, muito menos, pelo cansaço, mas, sim, pelo sentimento de dever cumprido.

Como é gratificante poder dizer que se ajudou alguém. Sai da alma uma sensação confortadora, um bem-estar absoluto, uma vontade de sorrir, de pular de tanta alegria; algo totalmente indescritível.

Confesso que fiquei muito envergonhada, nunca havia sentido isso antes, já, que na Terra, em 17 anos de vida, não era comum pensar em ajudar alguém. Meus pais não tinham esse hábito, pelo contrário, lutavam para acumular riquezas com o sonho, de um dia, serem ricos. Agora, olhando tudo isso daqui, o que adiantaria ter tanto na Terra, mas nada no Céu?

— Cristyna?

— Oi, Carmem.

— Está vendo aquela casinha, próxima da figueira?

— Sim.

— Lá se encontra a Sebastiana. Poderia ir até lá, ficar com ela, até que o Daniel a busque?

— Claro!

Lembro-me de nem me despedir de Carmem, tanto era minha euforia por ver de novo dona Tiana.

Segui até a casa e, no caminho, passei por uma ponte que cortava o lago atrás da cachoeira, por isso havia pessoas à sombra da figueira (senti-me uma tola), simplesmente pelo fato de que só havia visto antes a cachoeira pela frente, mas, por detrás, ainda não.

A cada dia, emociono-me mais e mais, a cada ângulo diferente, uma sensação nova.

A casa era muito simples, mas, ao mesmo tempo, belíssima. Não havia portas, por isso cheguei e logo fui entrando, chamando por ela.

— Dona Tiana, é a Cristyna, a senhora está aí?

Dona Tiana não respondeu, e eu só conseguia ouvir um murmúrio vindo de um quartinho lá no fundo.

— Dona Tiana?

— É você, meu velho?

— Não, dona Tiana, sou eu, Cristyna!

— Quando você foi entrando, menina, senti o cheiro do meu velho! — disse dona Sebastiana, emocionada.

— Venha cá e me dê um abraço! Vamos esperar juntas. Sabe, eu estou sentindo que seu esposo já está bem próximo da senhora.

— Bem se fosse, menina! Bem se fosse!

Abracei dona Tiana com tanta força que cheguei a sentir suas energias emanadas através de mim. E senti-me mal. Daí, lembrei-me do acontecido com Tiago e, mais do que depressa, separei-me de dona Tiana. Estendi sobre ela as minhas mãos, concentrei-me e me liguei a Deus.

Claro que não poderia me dirigir a Deus com as mesmas propriedades de Daniel, mas sei que Ele me ouviu prontamente, porque toda a névoa negra que envolvia a pobre dona Tiana foi se dissipando.

— Que assim seja!

Proferi, em alto e bom som, deixando dona Tiana entender que ela havia recebido o passe naquele instante em que apareceram, diante de nós, Daniel e Carmem.

— Sejam bem-vindos!

Esta foi a única frase que me veio à cabeça.

Cordial como sempre, Daniel se aproximou e deu um forte abraço em dona Tiana.

— Sebastiana! Não foi sempre que eu lhe disse que, no momento certo, você reencontraria seu esposo?

— Daniel, não me diga que o encontrou?

— Não, Sebastiana, foi ele quem nos encontrou.

— E onde ele está? Posso vê-lo?

— Certamente, ele está na casa de recuperação, ainda fraco, mas lúcido, e também deseja vê-la.

Dona Tiana não conteve as lágrimas. Olhando para mim, pediu-me, sorridente para arrumá-la e maquiá-la para ver seu esposo. Como eu poderia maquiar essa senhora? Mas, aqui, realmente, não existem segredos, nem aos pensamentos; Carmem me dera um estojo de maquiagem e com os olhos lacrimejando, comecei a "produzir" aquela que se tornara minha grande amiga.

7
O REENCONTRO

Linda! Esta era a definição para aquela senhorinha toda elegante e sorridente.

Daniel a conduziu, de braços dados, como se fosse um cerimonial de casamento, ou melhor, um novo casamento.

Carmem foi à frente para informar ao sr. Alberto que sua noiva estava chegando.

E eu, que acompanhava emocionada, estava tendo, na figura de dona Tiana, o momento que não mais poderia desfrutar como Cristyna.

Aproximando-se da casa, avistamos Carmem ladeada de Tiago e alguns outros amigos, todos alegres, esperando por dona Tiana. (choro) Desculpem... Mas, emociona a qualquer um sentir as dimensões de um trabalho desse, sem esperar retorno algum, simplesmente por ver o sorriso e a felicidade dos outros.

Chegamos e logo Carmem tomou dona Tiana e a conduziu até o seu esposo.

— Sebastiana, você está pronta?

— Desde o dia em que cheguei aqui!

Os demais não entraram com Carmem e dona Tiana, mas eu, prontamente, passei à frente de todos e apressei-me para acompanhá-las, ouvindo Carmem dizer ao sr. Alberto:

— Alberto, olhe quem está aqui!

— Meu velho, por onde você esteve? — perguntou dona Tiana.

— Minha querida, estava tão perto de você, mas distante o suficiente para perdê-la por todos esses anos.

— Abrace-me, quero senti-lo!

Não havia como não se emocionar, até Carmem chorou. Mas o trabalho deles ainda não havia acabado e Carmem se dirigiu a Daniel pedindo-lhe que ficasse ali. Era tudo o que eu queria ouvir.

— Você está se sentindo bem, meu velho? — continuou dona Tiana.

— Estou sim, ainda um pouco fraco, mas já não tenho dores. — respondeu o senhor Alberto.

— Fiquei tão angustiada, com medo de não vê-lo nunca mais!

— Confesso que, depois que morremos, não tive coragem alguma de procurar você. Vinham até mim criaturas infernais, que me batiam, gritavam e diziam coisas horríveis.

— Deus me livre!

— Você me perdoa, minha querida?

Perdão? Dona Tiana procurou tanto por seu esposo, não poderia ter algo a perdoar. Ao contrário desejava muito revê-lo.

— Claro que eu o perdoo. Aliás já o perdoei há muitos anos!

Novamente se abraçaram. Dona Tiana sentou-se ao lado do sr. Alberto e, abraçadinhos, ficaram em completo silêncio.

— Cristyna? Daniel pede para vê-la, aguarda você lá fora!

Saí, deixando Tiago no meu posto. Nem me despedi, não queria interferir em um momento tão lindo.

— Queria me ver, Daniel? — indaguei.

— Sim. Desejo informar que todos aqui estão muito felizes e satisfeitos com o seu modo de interagir.

— Curiosidade, você quer dizer, não é?

— Também isso. Querer aprender é muito importante, e aproveitar as oportunidades é essencial.

— Falando de oportunidades e curiosidade, escutei dona Tiana e o sr. Alberto falarem em perdão. Ela procurou tanto por ele... Como pode haver algo a se perdoar?

— A ofensa pode doer muito mais em quem a pratica do que a quem a sofre.

— Como assim?

— Analise comigo: quando se ofende alguém, mesmo que sem intenção, produz-se uma ferida. Com o passar do tempo, a ferida vai cicatrizar, e talvez o ferido se esqueça momentaneamente dela; contudo, sempre que o ferido encontrar o ofensor, este se lembrará daquela ofensa.

— Então, o sr. Alberto feriu a dona Tiana?

— Sebastiana espera aqui, na Colônia há, aproximadamente, onze anos por Alberto.

— Onze anos?

— Sim.

— E como ele desencarnou?

— Alberto era, digamos, um viciado pelo prazer.

— Entendi; ele a traía? Agora, entendi o porquê do perdão!

— Infelizmente, não é só isso! Alberto traiu Sebastiana por anos, sem que ela suspeitasse, já que era um excelente marido, educado e carinhoso. Uma noite, Alberto saiu de casa para se encontrar com sua infortunada amante, Tânia, que o pressionou a deixar sua esposa. Alberto não aceitou, e Tânia disparou dois tiros contra ele. Em total desequilíbrio, ela foi à casa de Sebastiana, contou o fato e também a assassinou.

— Credo! E, mesmo assim, ela afirmou há pouco que já tinha o perdoado há anos!

— Sebastiana desencarnou e, horas depois, já foi resgatada por Carmem, que a trouxe até a Colônia. Já Alberto assumiu um grande remorso e uma imensa culpa que o ligou às vibrações da região umbralina, onde permaneceu.

— Mas, Alberto, quando resgatado, não se lembrava de nada disso.

— Certo. Mas, por anos, ele gritava por Sebastiana.

— A meu ver, ela é uma santa; viver tudo isso, perdoar e ainda querer revê-lo.

— Que mágoa é essa, Cristyna? Por que esse rancor repentino?

— Como não poderia me sentir rancorosa? Ser traída e morta pela mesma pessoa!

— Essa não é a questão principal, mas, sim, por que viver essa experiência.
— Experiência?
— Lógico! Depois de desencarnada e atendida pelos nossos amigos socorristas, Sebastiana estava tão rancorosa quanto você neste momento, mas, como aqui o véu do esquecimento não é lei, pouco a pouco ela foi recordando-se da sua missão.
— Uma missão? Então, Sebastiana reencarnou com o propósito de ser assassinada?
— Não. Ninguém retorna com o propósito de fazer o mal. O que aconteceu, neste caso, é que, em uma reencarnação anterior, Sebastiana era amiga íntima de Tânia, quase confidente. As duas conheceram Alberto no mesmo dia e se interessaram por ele. Tânia confessou os seus sentimentos a Sebastiana que, se sentiu traída e a envenenou.
— Ficando junto com Alberto e a culpa?
— Após a desencarnação de Tânia, Alberto foi convocado para a guerra, desencarnando em confronto. E Sebastiana, sem ninguém, viveu ainda por alguns anos até seu retorno à pátria espiritual.
— Entendi. Então, Tânia voltou para equilibrar a balança?
— Absolutamente, não. Se assim fosse, seria uma espécie de vingança. A programação era para que Tânia perdoasse Sebastiana pelo ato do passado e a deixasse viver com Alberto essa experiência única.
— Que coisa!

— E mais: com o véu do esquecimento, nenhum dos encarnados conhecia suas existências passadas. Sendo assim, não se justifica a maldade empregada no ato.

Fiquei perplexa. Esta é a palavra. Daniel sempre respondeu, com convicção, todas as minhas perguntas, mas, naquele dia, ele havia me dado uma aula da qual nunca esquecerei.

Tiago nos chamou, sem nos dizer o que queria, mas Daniel me apressou para voltar à casa.

— Sabe, Cristyna, nesta Colônia nós atendemos muitos irmãos, os quais, quando prontos devem seguir para uma nova vida ou para outros lugares.

— E quem vai embora? Se foi isso que entendi...

— Sebastiana e Alberto irão para outra Colônia, de onde poderão, após a devida preparação, reencarnar e viver uma nova experiência evolutiva.

— Mas, hoje?

Daniel simplesmente acenou afirmativamente com a cabeça e continuou.

— Tiago e Carmem estão reunidos com outros Espíritos, que vieram da Colônia para qual eles irão.

Aceitava a condição de Tiago e Carmem estarem ali, mas só estavam os dois juntos de dona Tiana e o sr. Alberto, até chegarmos Daniel e eu.

— Onde estão os demais, Carmem?

— Estão aqui mesmo, Cristyna, mas a leveza de seus fluidos não possibilita que os veja.

— Nossa!

Era de se espantar mesmo; na Terra, não via os Espíritos e aprendi que eles estavam sempre por lá. Nesse instante, aqui, ainda não posso ver todos eles? E de Daniel não escondia nem meus pensamentos:

— Por que o espanto, Cristyna?!
— Ora, Daniel?! Assim é chato.
— Olhe atentamente e confie.

Daniel, Carmem, Tiago, bem como todos os demais, começaram a orar. Dona Tiana e o sr. Alberto foram envolvidos por luz. E, no canto da sala, eu vi, juro que vi, três feixes de luz que romperam o ar, fazendo com que o casal se transportasse e os acompanhasse, subindo e passando pelo telhado, simplesmente como se este não existisse.

Corri e não vi mais nada. Então, voltei até onde estava Daniel, que ainda orava com os outros.

8
SOLIDÃO

Que bom para dona Tiana! Ela e o sr. Alberto estavam livres, creio eu.

Ao final da oração, Daniel e Tiago saíram com destino às regiões umbralinas, acredito que à procura de outros tantos necessitados.

Carmem sentou-se na cama e me convidou a fazer-lhe companhia.

— Mais uma tarefa cumprida!

— Desculpe-me a minha constante curiosidade, mas se dona Tiana e o sr. Alberto foram para outra Colônia, por que tantos ainda estão lá fora?

— Cada um, aguardando o seu momento.

— E eu?! Aguardo também?

— Busque esta resposta em você mesma, Cristyna. O que a aflige?

— Estou realizada, muito feliz, juro que sim.

— Mas...

— Estou só. Sinto falta de meus pais, dos amigos...

— Somos seus amigos.

— Não duvido disso. Vocês são os melhores. Mas será que meus pais também estão bem? Já faz, pelo menos seis meses e alguns dias que aqui estou, e não recebo notícias deles.

— Seu trabalho aqui, de amparo e assistência, tem sido muito proveitoso. Nossa Colônia é um posto de transição; os Espíritos somente passam por aqui; em outras Colônias, eles poderão se estabelecer, ponderar, para depois decidirem como continuar sua evolução.

— Então, se eu quiser voltar ao corpo físico, deverei, primeiramente, deixar esta Colônia?

— Certamente. Mas, antes poderá vivenciar o amor e paz da magnífica criação de Deus. Venha comigo.

Carmem deixou a casa e se dirigiu até a bela cachoeira, quando, então, cruzamos a ponte e paramos debaixo de grandiosa figueira.

— Contemple a majestade.

Isso, com certeza, induziu-me a admirar a criação, coisa que nunca me cansava.

— Quando você se sentir só, aproveite para meditar, viaje pelo espaço e pelo tempo, cultue o ar, os sons da água, o cheiro da terra; daí verá que nunca, nunca estará só.

— Certamente, Carmem, após ter visto a luz que levou dona Tiana e seu esposo, eu acredito, fielmente, que estou sempre amparada.

Sentei-me no chão, e Carmem retornou aos seus afazeres. Não mais diria que estava só. Fechei meus olhos e meditei.

Doce amigo Jesus, desejo forças para superar todos os obstáculos, os que já estão comigo e os que ainda surgirão. Olha, meu amigo, pelos meus pais, não os deixe sofrer e, de alguma forma mostra-lhes que eu estou bem e que tenho saudades. Aqui a gente se magnifica com tantas coisas que, às vezes, esquecemos que estamos longe de quem amamos. Mas o Senhor sabe bem que eu nunca os esqueci e ainda sofro por ser a culpada pelo acidente. Senhor, socorra-me e apresenta-me a tua paz.

De repente, um vento inesperado se iniciou; era intenso, mas, observei que as demais pessoas nem se mexiam. Seria um vento só meu?!

A terra tinha cheiro de rosas, a água cristalina do lago refletia os olhos, e uma doce voz cantava ao meu ouvido.

Aos poucos, a árvore, a cachoeira, as pessoas e tudo mais foi se apagando, como se o vento os levasse, dando lugar a paredes brancas e a pessoas com jalecos verdes correndo de um lado para o outro.

Lá estava eu, entre as paredes do corredor de um hospital. Não pude acreditar no que os meus olhos viam: minha mãezinha sentada próxima a um leito. Claro que corri até ela, mas não pude entrar, pois a porta estava fechada e, acreditem, eu não podia atravessá-la como imaginei.

— Daniel? Você pode me ouvir?

Não pensei em mais ninguém para chamar e confiava muito em Daniel, e tanto é verdade que, imediatamente, ele estava comigo.

— O que foi, Cristyna?

— Não sei como vim a este lugar. Aqui é a Terra mesmo? Estes são mesmo os meus pais?

— Com certeza. Você adquiriu algum mérito nesses dias em que esteve conosco. Como a Providência divina conhece seu coração, deu-lhe este presente.

— Posso abraçá-la?

— Infelizmente, não. Ela não sabe que você está aqui; pode provavelmente sentir suas vibrações, mas não pode vê-la.

Daniel segurou-me pela mão e, juntos, passamos pela parede, como se ela não existisse.

— Mamãe. Que saudades!

Cheguei bem próximo a ela e soprei aos seus ouvidos o quanto a amava; acho que ela entendeu, porque suspiramos juntas.

Mamãe levantou-se e tocou o leito com ternura. Meu Deus! Era papai, ainda inconsciente por todo esse tempo.

— Daniel, é meu pai!

— Eu sei, Cristyna, assim como também sei que esta noite ele e você poderão matar as saudades.

— Ele morreu?

— Não. Chama-se desdobramento; estou autorizado a levá-lo até a Colônia para estar com você.

Abracei Daniel fortemente. Quando voltei a mim, estávamos de volta à Colônia, debaixo da mesma figueira de antes.

Carmem aproximou-se de nós e me convidou a ajudá-los com os novos pacientes.

Desta vez, eram cinco: duas mulheres e três homens, todos recém-resgatados e aterrorizados. Carmem explicou a Daniel que eram criaturas da mesma família, que desencarnaram em um incêndio na sua própria casa, todos juntos, receosos de perderem seus bens tão preciosos.

Impressionada e assustada, como sempre, não pude deixar de comentar.

— Lutaram tanto pelos seus bens, que perderam a vida.

— É, Cristyna, perderam o mais valioso bem.

Carmem foi categórica em sua afirmação, afinal, qual bem seria mais precioso do que nossa própria vida?

Chegamos à casa.

— Malditos, saiam daqui!

— Cale a boca, papai, não vê que estamos mortos?!

— Mortos! Seu pai está é bêbado!

Daniel entra, e sua luz acalma todos.

— Meus irmãos, tenho a dizer que não pertencem mais à Terra, ao mundo dos encarnados. Contudo, buscaram tanto o dinheiro, que ficaram presos a ele. Hoje, porém, estamos aqui em nome de Jesus para lhes propor a verdade e a compreensão da vida.

Tiago convidou-me a sair, informando-me que não poderia estar presente, já que as vibrações do ambiente eram tão fortes que poderiam atrapalhar a visita de meu pai, naquela noite. Certamente, nem discuti, não poderia perder a chance de rever papai.

Afastei-me o quanto pude, mas não tirei os olhos, nem por um minuto, da entrada da casa. Tiago retornou e, acredito, que os trabalhos haviam começado, pois sobre a casa um feixe de luz descera e ali permanecera.

Alguns minutos depois, Carmem deixou a casa junto de Tiago, que acenou para mim. Fui até a casa; não sabia se poderia entrar, então, chamei por Daniel, que me convidou.

— Terminou, Daniel?

— Sim.

— Estão todos bem?

— Nem todos, Cristyna. A esposa e os filhos estão descansando no quarto, mas o pai ainda está tão ligado aos bens, que retornou para onde estava.

— Pobre homem, ficará na solidão novamente.

— Não é a solidão que me preocupa, afinal, seus entes aqui estão e logo se organizarão em uma nova vida corporal, e este, ainda estará por ser resgatado.

— Compreendo, mas por que vocês não os amarraram?

— Que é isso, Cristyna? Ninguém pode permanecer aqui contra o seu desejo. Estamos todos ligados às Leis divinas, às quais o livre-arbítrio[1] se aplica.

— E você não se comove em perder alguém assim?

— A comoção sempre existe, afinal, como lhe disse, é uma família, são Espíritos afins que precisam juntos evoluir. Mas temos o tempo que Deus nos conceder para esperar, já que cada um tem a sua forma de aceitação e, portanto, uma evolução segura e reta ou acidentada, com grandes perigos e cheia de curvas.

Daniel retornou ao quarto. Saí da casa e, como sempre, contemplei a bela paisagem, pensando a todo momento na solidão, amargura e sofrimento daquele pobre homem que não podia enxergar a luz.

---

1 N.E.: O livre-arbítrio é a faculdade que permite ao homem edificar, conscientemente, o seu próprio destino, possibilitando-lhe a escolha, na sua trajetória ascensional, do caminho que desejar. (PERALVA, Martins. *Estudando o evangelho*, cap. 30. Ed. FEB.)

9
DESDOBRAMENTO

Anoitecia na Colônia; estava ansiosa pela noite. Vi quando Daniel saiu e, também, quando Carmem e Tiago retornaram. Fui-me aproximando da casa quando Tiago me surpreendeu.

— Cristyna, queira me acompanhar até a sala de comunicação.

Uma sala com muitos sofás, podemos assim dizer, ambiente com uma música muito serena. Sentamo-nos ali e pudemos, então, sentir as energias.

— Que ar gostoso!

— Esta é a calmaria emanada dos Espíritos superiores. Logo, Daniel retornará com o seu pai. Peço que você se mantenha em absoluto controle, caso contrário, teremos que cancelar o encontro.

— Fiquem tranquilos, não perderei esta oportunidade.

Tiago deixou-me sozinha, diria, ou desacompanhada daqueles que podia ver.

Daniel chegou, e, ao seu lado, estava meu pai. Papai andava, sorria, como se não estivesse naquele leito do hospital; a única diferença percebida era uma estranha luz que se rompia sobre a sua cabeça, sumindo no horizonte.

— Antes de qualquer coisa, Cristyna e, conhecendo bem a sua curiosidade, tenho que lhe dizer que este cordão que você está vendo, neste momento, é o cordão fluídico, que liga o períspirito, aqui presente, ao seu corpo carnal, na Terra. E isso se faz, porque seu pai ainda está encarnado.[2]

— Que bom saber disso!

Daniel saiu, deixando-nos a sós. Papai ficou imóvel e sem falar nada, somente me olhando. Corri e lhe dei um forte abraço.

— Que saudades, papai!

— Minha querida menininha, que susto você me deu. Achei que nunca mais fosse vê-la de novo — disse meu pai, chorando.

— Ah! Papai, jamais me esqueci de você e da mamãe. Venha, sente-se aqui.

— Mas, conte-me, minha filha, por onde andou?

— Depois do acidente, fui socorrida por amigos que, até hoje, me ajudam e me auxiliam; contudo, eu estou bem, muito bem.

— O acidente!... Puxa! Quando recuperei a memória, no hospital, sua mãe me disse que você havia morrido. Foi horrível; tamanha a dor, que voltei a dormir, até há pouco.

— Não, papai, não pense assim, eu quero pedir perdão por ter ligado o rádio e o assustado.

---

2 N.E.: Ver capítulo 33 do livro *Nosso lar*, ditado pelo Espírito André Luiz ao médium Chico Xavier. Ed. FEB; ver também it. 284, q 40, de *O livro dos médiuns*, de Allan Kardec.

— Rádio?!

— Sim, eu assisti a tudo, a culpa foi minha.

— Claro que não, Cristyna... Havia um buraco na rodovia. Quando vi estava muito próximo dele; desviei, mas como os pneus estavam carecas, perdi o controle.

Lembrei-me das imagens que Daniel me mostrara. Lembrava-me perfeitamente do susto de meu pai. A culpa, então, não era inteiramente minha, mas também não era somente dele. Suspirei, acho que aliviada.

— Por que ainda dorme, papai? Acorde, vá viver com a mamãe. Vá ser feliz!

— Esta culpa que me corrói não me deixa acordar.

— Não há motivos para ter culpa, papai; estamos todos bem.

— Como poderei encarar a sua mãe? Ela nunca me perdoará. Quanto a eu estar aqui, aquele homem que me trouxe disse que, ao retornar, nada lembrarei. Então, vou continuar acreditando que você morreu.

— A morte não existe, meu pai!

— Eu sei. Mas, e quando eu voltar, vou saber?

— Não sei afirmar, contudo, acredito que não.

Na verdade eu tinha certeza, porque o Daniel muito falava do véu do esquecimento e, segundo meu próprio pai, já o havia avisado que seria assim.

— Sabe, filha, o que me preocupa de verdade é viver sem você, que foi o melhor presente que Deus nos deu. E, agora, por teimosia, por não querer parar para descansar, você morreu.

— Papai! Você sabe muito bem que nem eu nem mamãe queríamos parar. Lembra-se daquele posto sombrio? Quando mamãe viu o lugar, pediu para irmos. Ninguém tem culpa! Acho que era necessário que eu desencarnasse ali e, naquele dia.

— E você vive aqui agora?

— Papai, aqui é magnífico, temos muito trabalho. Os trabalhadores buscam constantemente pessoas que estão perdidas após a morte, assim digamos, e as trazem para cá para serem ajudadas.

— Ajudar! Eis o que nunca fizemos.

— Verdade!

— Sua mãe e eu, antes de ter você, falávamos muito em ajudar os outros, levar comida a quem não tinha. Certa vez, ela chegou a pegar as roupas de uma vizinha para lavar de graça, só para me dizer que estava ajudando.

— Não sabia disso.

— É, ela nunca fala do assunto, porque, um dia, ela, sem querer, manchou uma peça de roupa, e a vizinha ficou furiosa. Sabe como sua mãe é: aborreceu-se e nunca mais ajudou a vizinha.

— Esta é outra coisa que a gente aprende aqui: a perdoar.

— Mas..., o que você faz aqui?

— Eu os ajudo. Ou melhor, papai, eles me ajudam.

— Eu sei como é. Enquanto meu corpo está no hospital, estou sendo monitorado e ajudado por muitos *anjos*.

— É! Muitos destes *anjos* moram aqui. Um deles se chama Daniel.

— Daniel? O homem que me trouxe?

— Ele mesmo!

E Daniel apareceu, dizendo:

— Sinto informar que o tempo está terminando; assim, temos que retornar, Carlos.

— Mas já? Logo agora que estava começando a conversa com papai...

— Calma, minha filha, um dia a gente se encontra para não se separar mais.

Abracei novamente o papai e lhe dei um beijo demorado; ele olhou, firmemente, nos meus olhos, tocou fraternalmente o meu rosto e sorriu, partindo com Daniel, de volta à sua vida.

10
COMUNICAÇÃO

Naquela noite, não vi mais o Daniel, também não encontrei Carmem e Tiago, então caminhei até o meu quarto e deitei-me.

Estava eufórica. Vi minha mãe e havia falado com meu pai. Sabia que ele se recuperaria e voltaria a viver com mamãe, exatamente como era antes. Como sempre, o silêncio da noite na Colônia era delicioso, ouvíamos apenas o som da cachoeira. Acredito que foi a noite mais gostosa de toda a minha vida, ou pós-vida. Dormi feito um *anjo*!

Ao amanhecer, logo aos primeiros minutos do dia, acordei totalmente renovada e pronta para o trabalho. Levantei-me e fui até o quarto onde estavam os irmãos resgatados no dia anterior, mas, para minha surpresa, já haviam partido. Avistei pela janela Tiago chegando com Carmem e, logo fui ao encontro deles.

— Bom dia, meus amigos!
— Bom dia, Cristyna, vejo que acordou disposta.

— Claro que sim, Carmem, estou pronta para o trabalho.
— Trabalho! Que bela palavra, Cristyna.
— Não é, Tiago! Estou me sentindo como nunca me senti antes.

Carmem seguiu, entrando na casa.

— Esse sentimento que você expressa, Cristyna, nada mais é do que as suas energias, purificadas por você mesma e seus pensamentos no campo do bem.

— Aceito essa explicação muito bem, já que antes sofria muito pela falta de meus pais. Agora que sei onde estão e como estão, sinto-me renovada.

— Que assim se conserve. Vamos precisar muito de sua lucidez, pois, amanhã, você iniciará sua preparação para que, em breve, tão logo esteja em condições, possa nos acompanhar em tarefa de resgate.

Após um ótimo período de preparação, em que aprendi um pouco mais sobre a realidade da vida espiritual, a importância do estudo, a assistência fraterna, a necessidade da educação do pensamento e o fortalecimento da vontade no bem, chegou o tão esperado dia, pois Tiago avisou-me que amanhã irei acompanhá-los ao umbral,[3] em serviço de resgate a irmãos necessitados.

— Santo Deus, vou ao Umbral?
— Confiança!
— É... Confiança.

Diria que, bem mais medo do que confiança, eu vi quanto Tiago sofreu na sua primeira ida às tais regiões.

---

3 N.E.: Ver capítulo 12 do livro *Nosso Lar*, ditado pelo Espírito André Luiz ao médium Chico Xavier. Ed. FEB.

Contudo, se havia chegado a minha vez, eu iria, sem nenhum problema, acho!

Avistei Daniel conversando com um senhor bem distante, despedi-me de Tiago e fui até lá.

— Bom dia, Daniel!

— Ótimo dia, Cristyna — cumprimentou-me. — Até logo Augusto, tenha um ótimo dia! — Disse ao senhor.

— Quem era, Daniel?

— Curiosa como sempre! Augusto é um grande amigo, um dos mestres que nos auxiliam na transição dos irmãos que daqui saem para suas devidas regiões espirituais.

— Sabe, hoje Tiago me disse que, amanhã, irei com vocês em missão.

— Sim, acreditamos que você tem condições para isso.

— Se vocês acreditam...

— Neste momento, estou indo à Terra com Carmem. Gostaria de nos acompanhar?

— Claro!

Carmem, de longe, sorria por me ver pular de alegria. Aproximou-se e juntos, nós três fomos à Terra.

Dirigimo-nos a uma cidadezinha no estado de Minas Gerais, pequena, mas acolhedora.

— Daniel, o que viemos fazer aqui?

— Iremos a uma sessão mediúnica, um local onde muitos de nossos irmãos desencarnados se manifestam com o propósito de serem socorridos, e nós estaremos aqui para mostrar-lhes o caminho.

Então, caminhamos por uma casa; estranhei, porque não era um templo, mas uma humilde casinha. Entramos e impressionei-me, pois estavam presentes apenas duas pessoas encarnadas, e cerca de 80 desencarnados.

Daniel foi recepcionado por um senhor alto, de quem não perguntei o nome; enquanto conversavam, eu olhava todo o local. Havia Espíritos desesperados por todos os cantos e aquele homem que conversara com Daniel era uma espécie de diretor, que determinava quem ia à frente. Alguns estavam ali por vontade própria e outros, aparentemente, obrigados e amarrados.

Carmem e eu ficamos bem ao fundo da casa.

— Carmem, que horas a sessão inicia-se?

— Às vinte horas.

Vinte horas?! Que decepção, devia ser umas dez horas da manhã, ficaríamos ali cerca de 10 horas esperando o início! Pensei em tudo isso, mas não falei nada; mas nem precisava falar, sabia bem disso, principalmente porque Daniel vinha até nós, olhando firmemente para mim.

— Ora, Cristyna, qual o motivo de tanta pressa?

— Nenhum, Daniel, assustei-me apenas com o tempo que teria que esperar!

— Necessário, Cristyna. Os encarnados, no uso de suas existências corpóreas, estão trabalhando e garantindo o sustento de suas famílias. Assim, só irão vibrar, de fato, se doarem, poucos minutos antes do início da sessão, o que deixa para nós, os desencarnados, a tarefa de fluidificação de todo este ambiente, além da seleção dos Espíritos necessitados, para que, no início da sessão, estejamos preparados para vivenciar, com disciplina, todos os momentos.

— Trabalho, sempre trabalho.

— Está vendo aquele homem com o qual estava falando?

— Sim.

— É Alfredo, o mentor espiritual desta sessão mediúnica. O trabalho dele é conhecer os Espíritos aptos à comunicação, que sintonizam com dona Maria, a médium que estará presente.

— Sintonizar-se? Como assim, Daniel?

— Veja bem, imaginemos um violeiro; ele toca seu instrumento como se este fosse parte de si mesmo, uma extensão de suas mãos. Assim é a ligação entre o médium e o Espírito: se não houver sintonia, não há comunicação.

— Até aqui, no mundo dos vivos, vocês trabalham sem parar!

— O trabalho nunca para, Cristyna.

Fiquei ali observando minuto a minuto, momento a momento, o trabalho incansável de Alfredo. Entrevistava cada uma das criaturas presentes no ambiente.

Carmem, aproveitando a oportunidade, convidou-me a visitar o hospital local; dali partimos, deixando Daniel auxiliando os preparativos para a noite.

Ao chegarmos, logo fomos recepcionados por Eduardo, um benfeitor que coordenava as visitas dos Espíritos àquela instituição. Carmem me explicou, já conhecendo a minha habitual curiosidade, que nem todos podem ajudar nos hospitais, afinal, as vibrações ali têm que ser de luz, o que não ocorre com os Espíritos que ainda apresentam grande densidade.

Eduardo, prontamente, recebeu-nos com muito carinho.

— Bom dia, irmãs, que honra tê-las conosco.

— É sempre bom rever os grandes amigos, Eduardo.

— Você, Carmem, sabe que é muito querida entre nós. Vamos entrar?

— Claro!

Entramos pelos corredores, e não pude deixar de lembrar-me da cena, ao rever mamãe e papai no hospital.

— Cristyna, por favor! As atenções e as vibrações devem estar focalizadas aqui, neste momento.

Uma ótima advertência. Concentrei-me e continuamos a visita. Não havia muitos internos naquele dia; porém, do menino Juninho, não me esquecerei jamais.

Eduardo nos informou que a criança estava próxima de desencarnar, o que foi um grande susto! O menino só tinha 4 aninhos. Sua mamãe orava a Deus por misericórdia, acompanhada por Espíritos iluminados.

— Carmem, prefiro não ficar aqui, se você não se importa.

— Não, Cristyna, tudo bem.

Deixei o quarto da criança e fui até o berçário; por que — pensei eu — assistir à morte, se a vida se iniciava bem ao lado?

Não pude deixar de ouvir os gritos aterrorizantes da mãe do menino, o que me remetia aos de minha mãe no dia do acidente. Santo Deus, por que tudo que eu vivenciava remetia a mim mesma? Eu estava presa num vaivém de lembranças e tristeza.

Saíram do quarto dois célebres Espíritos com Juninho no colo. Afastei-me e avistei na cama o corpo inerte da criança nos abraços da mãe.

— O Espírito está liberto!

— Sim, está, mas a mãe agoniza de intensa dor.

— O que para uns são expiações, para outros são provas!

— Esta explicação, nem com toda a minha curiosidade, gostaria de ter.

— Que assim seja. Vamos retornar?

— Sim, vamos.

Despedimo-nos de Eduardo e, rapidamente partimos voltando à casa onde Daniel nos esperava.

Aquelas horas no hospital haviam me afetado, sentia um pesar tamanho, e já nem me preocupava com o tempo.

Minutos faltavam para o início da sessão mediúnica, e um jovem senhor, encarnado, Carvalho era o seu nome, organizava uma pequena mesa, à qual sentara junto de dona Maria e mais três pessoas. Naquele momento, Alfredo já se encontrava diante da médium com três Espíritos, aguardando. Nós e outros Espíritos sentávamo-nos mais distante da mesa.

Carvalho realizou uma prece, linda e compenetrante, seguida de uma leitura do Evangelho de Jesus. Dona Maria iniciou.

— Agradecemos a presença espiritual de nosso querido Alfredo e de todos os Espíritos que aqui estão nesta noite.

Alfredo tocou os ombros da médium, que cerrou os olhos e abaixou a cabeça. Além disso, Alfredo ainda apertou as mãos de uma jovem que, ao falar, ligou-se por meio dele a dona Maria, proporcionando à médium a reprodução dos sons, fenômeno que permitiu aos encarnados ouvirem o Espírito.

— Oi para todos. Quando pertencia ao mundo dos vivos, chamava-me Ana, era jovem e ousada, vivia sempre buscando prazeres, até o dia em que a dor me visitou. Contaminada, pouco a pouco fui me debilitando, mas, esta dor já não me ofendia. Era ver meus pais chorarem que me doía no íntimo. Até hoje, busco a luz para a minha vida.

Carvalho conversou com o Espírito como se a conhecesse há anos, instruindo-a a buscar ajuda junto dos mentores espirituais presentes. Ao se desligar da médium, ela foi amparada por outros que acompanhavam Alfredo.

Deixei a casa e fui para fora; era impossível não me impressionar, o que poderia atrapalhar os trabalhos; preferi sair.

No portão da casa, encontravam-se dois Espíritos resplandecentes e, fora, pelas calçadas e ruas, muitos desfigurados, gritando e pedindo para entrar. Na esquina, uma roda de jovens. Bebendo, eufóricos, não sabiam, mas, estavam com eles outros tantos Espíritos que estimulavam a ideia do consumo.

Fiquei ali, junto ao portão, orando e pedindo que Deus não desamparasse seus filhos.

Ao final da sessão, Daniel e Carmem vieram até a mim para que retornássemos à Colônia. Pela porta entreaberta vi a médium aparentemente esgotada sendo amparada por quatro Espíritos que lhe aplicavam passes.

Voltamos. Tiago logo nos recebeu. Como era bom rever a velha amiga figueira e ouvir, novamente, os sons da doce melodia da cachoeira!

11
O RESGATE

Amanheceu um novo dia, um dia extremamente preocupante; segundo informações, iríamos em missão às regiões umbralinas.

Acordei como de costume e logo observei Carmem, Tiago e Daniel vindo até a casa.

— Que bom que já acordou, Cristyna.

Bom? Será mesmo, Daniel? Vivia sempre indagando comigo mesma; era impossível disfarçar o medo que sentia.

— Daniel, iremos mesmo em tarefa hoje?

— Iremos, sim, mas, antes, vamos nos preparar, rogando bênçãos e proteção ao mais Alto.

Seguimos rumo à sala de comunicação. Lá, Daniel envolveu-nos em grande harmonia, orando e suplicando a Deus pelo sucesso daquele dia.

Nem preciso mencionar, contudo, pétalas de rosas desciam sobre todos nós, balsamizando-nos em uma paz tão grande que as energias fluídicas se movimentavam por todas as direções, chegando aos habitantes da Colônia, onde quer que estivessem.

Envolvidos, pouco a pouco, as paredes da sala foram desaparecendo e dando lugar a árvores sem vida, secas e sombrias. No lugar do lindo lago, um mar repleto de lama e larvas; da doce melodia da cachoeira, gritos e pedidos de socorro e, do ar puro e do vento calmo, havia forte cheiro de enxofre e grandes tempestades. Minha primeira impressão foi exatamente a que Daniel me descrevera anteriormente.

Carmem segurou minha mão, olhou-me firmemente e gesticulou, com a cabeça, em sinal de confiança, gesto que foi de suma importância para mim. Daniel e Tiago caminhavam juntos; Carmem e eu íamos atrás.

Bem à frente, havia uma árvore seca e caída; sob seus galhos, ao chão, uma mulher gritava por socorro, segurando-se em um cordame cintilante preso ao pescoço. Era uma mulher olhando firmemente para mim, com os olhos rasos de água.

— Carmem, podemos ajudá-la?

Mesmo sem resposta de Carmem, Daniel interfere.

— Ainda não, Cristyna.

— Ela sofre muito, Daniel.

— Eu sei, mas ela fez muita gente sofrer e, ainda, imaginou que, com seus atos, não sofreria.

— Como pode ser isso?

— Esta mulher, Cristyna, chama-se Tânia, a mesma que tirou a vida de Alberto e Sebastiana.

— A amante!

— Sim, mas não vamos tratar a situação dessa maneira. O remorso tomou conta desta criatura que, mesmo detida, resgatando os seus atos, segundo a lei dos homens, torturou-se por dois anos, vindo a se suicidar pendurada pelo pescoço e pressionada entre as grades de sua cela.

Quase tudo fazia sentido, a corda ao pescoço, os galhos pressionando aquela mulher contra o solo úmido e fétido.

— Entretanto, com todos esses anos carregando a culpa, na Terra, e agora, aqui, presa neste *inferno*; não seria tudo isso sofrimento suficiente?

— Esta resposta vem se repetindo a ela mesma, mas é difícil resgatar alguém que ainda se sente tão culpado pelos erros cometidos.

Carmem me tomou pela mão e caminhou levando-me com ela, deixando para trás aquela criatura que ainda não aprendera a amar.

— Olha, Carmem, esta região é extremamente horripilante.

— Este horror, o cheiro e tudo mais o que você vê, é fluido dos próprios Espíritos que habitam este lugar. Nada está aqui pela vontade de Deus, ao contrário, viemos para resgatá-los e mostrar-lhes amor e caridade, segundo a verdadeira vontade do Pai.

Daniel chamou por Carmem, pois havia um homem atolado na lama, somente com a cabeça para fora; estava imóvel, para não dizer, aqui, que parecia morto.

Tiago aproximou-se fraternalmente, tocou o pobre coitado que, assustado, repuxou todo o corpo.

— Quem vem aí? Nada mais me assusta; posso não mexer meus pés e minhas mãos, mas ainda sei morder.

Meu Deus! A criatura estava ali, necessitada de ajuda, e ainda tão áspera! Tive vontade de rir, mas me contive imediatamente, tal a gravidade da situação.

— Acalme-se, meu irmão; eu me chamo Tiago, e meus amigos e eu viemos aqui para ajudá-lo.

— Se querem me ajudar, tirem-me daqui.

Daniel interferiu.

— Não, Tiago, humildade é essência de natureza espiritual; sem ela, a criatura padece intensamente.

Seguimos mais uma vez nosso caminho. Alguns Espíritos ameaçaram correr atrás de nós, eu logo segurei nos braços de Carmem; éramos apenas quatro, eles deviam ser mais de dez. Dei, então, um grito semelhante a um zumbido (se assim posso me expressar), o que fez Daniel parar.

— O que vocês querem? – dirigindo-se aos infelizes.

— Queremos comida!

— Posso lhes dar mais do que isso, posso dar a vocês vida!

— Não, nós queremos energia.[4]

Depois cheguei a descobrir que todos nós, Espíritos, encarnados ou desencarnados, emanamos energia. Esses irmãos em necessidade ainda tentam se alimentar das energias mais densas.

Os chamados vampiros agem extraindo tais energias e delas se alimentam. Assim, Daniel projetou um campo energético, brilhante, a uns metros de nós, fazendo com que aqueles seres se sentissem alimentados.

---

4   N.E.: Ver questão 257 de *O livro dos espíritos*.

Felicitei-me por tamanha bondade destes meus amigos, que, mesmo naquele lugar sombrio, coagidos por aquelas criaturas, ainda amavam.

— Vamos, meus irmãos, pois temos um longo caminho.

Tantos foram os Espíritos encontrados e tantos os que não podíamos ajudar; era frustrante viver aquilo todos os dias da mesma forma como Tiago, Carmem e Daniel viviam e, ao mesmo tempo, era sublime quando um só, pelo menos um, fosse resgatado e reenviado às mãos majestosas de Jesus.

De repente, um silêncio estranho; desde a hora em que chegamos até esse momento, não houve nenhum silêncio, contudo, naquele instante, ele era intenso.

Havia duas colinas, cada uma voltada para um lado, entre elas uma mata baixa e sem vida; caída sobre a grama seca, havia uma jovem que entoava uma melodia, assoviando entre os dentes.

Carmem estava na frente e tocou suavemente esse Espírito.

— Como vai, irmã?

— Santo Deus, você deve ser o *anjo* que veio me buscar?!

— Somente aos seus olhos, minha irmã! Viemos ajudá-la em nome de Jesus.

Como era possível? Aquela criatura arrastava-se, possuía somente uma perna e um braço, cada um ao oposto do dorso. Quando pensava que nada mais me surpreenderia, lá estava eu de novo, chocada!

Daniel e Tiago se aproximaram. Carmem, com a ajuda de Tiago, levantou a irmã, que caminhou ladeada por eles.

— Daniel, vamos levá-la conosco?

— Sim, Cristyna, o coração desta irmã encontra-se repleto de alegria por nos ver, mostrando-nos confiança e resignação.

— Como é possível estar desencarnada e mutilada desse modo?

Carmem, Tiago e nossa nova resgatada seguiram caminhando entre uma luz intensa, enquanto Daniel e eu íamos atrás, conversando.

— Ao reencarnar, o Espírito molda, primeiramente, seu perispírito, que, por sua vez, une-se célula a célula ao futuro corpo físico; os maus tratos aplicados a este refletem-se no perispírito.

— Ou seja, encarnada, ela perdeu seus membros.

— Está muito clara a sua situação!

— E, se está nessas regiões, não é por castigo divino, mas, sim, em consequência de seus próprios atos.

— Confesso que não entendi seu raciocínio, mas imagino o problema que foi gerado!

— Cara Cristyna, as ações de cada criatura permanecem com ela por muito tempo, sejam boas ou más. No entanto, as ações no bem anulam sempre as más inclinações. Apenas o bem perdura para sempre.

— Faça o bem e o bem receberá!

Não teria eu dito melhor, surpreendi-me.

Caminhamos em silêncio. Precisava refletir sobre tudo o que tinha visto...

Após algum tempo, foi magnífico ver de novo nossa Colônia; desta vez, sentia-me forte, havia vencido medos e assistido de perto um resgate repleto de amor.

Eles se dirigiram para a casa; fiquei um pouco atrás *para curtir* não só a sombra da figueira, mas também um pouco da brisa refrescante e do canto da cachoeira. Então, orei:

Obrigada, Senhor Deus. Não sei se sou digna de estar aqui, neste paraíso particular, contudo, sou filha desta obra maravilhosa com que tu nos presenteaste. Que a luz criada a partir daqui viaje pelo universo se necessário, mas, atinja os corações de meus pais, dando-lhes o bem e a felicidade. E que, na reprogramação de nossas existências, possamos viver juntos este amor intenso e, que sejamos uns para os outros os instrumentos de tua paz.

Transcritas aqui, estas palavras não são nem próximas da grandeza de minha satisfação de estar ligada ao Criador.

Deixei a sombra e voltei à casa. Daniel e os outros aplicavam passes na nossa irmã; entrei e logo dispus-me a ajudar. Prontamente, ela dormiu e eu fiquei imaginando quanto tempo ela passara acordada.

Daniel e Tiago deixaram a casa. Carmem retirou-se para descansar; aproveitei para ir também. Não me sentia cansada, mas, no dia seguinte, tudo recomeçaria.

12
DA DESPEDIDA AO ACALENTO

Nada se compara ao prazer de uma boa noite de sono. Acordar feliz e reluzente. Sentia-me leve, flutuante e, como de costume, deixei o quarto à procura de meus amigos. No quarto de assistência, estava somente a irmã resgatada no dia anterior. Saí, mas não avistei ninguém.

Percorri, calmamente, o caminho até o lago; andei sobre a ponte, cheguei à figueira; havia muitas pessoas, como sempre, mas Daniel, Carmem e Tiago também não estavam ali.

Restava-me retornar à casa e verificar se a irmã que fora socorrida, já havia acordado, pois poderia precisar de ajuda.

Tiago materializou-se próximo do ambiente, e apressei-me ao vê-lo.

— Bom dia, Tiago. Procurava por vocês.

— Cristyna.

Que frieza! Cheguei a engolir o sorriso e expressar-me pasma.

— Que foi, Tiago?

— Seu pai.

Confesso que fiquei sem ação. Orei para que ele se restabelecesse; bem sei que a morte não é nada, entretanto...

— Abrace-me Tiago, me abrace que eu não existo mais, não me sinto.

— Você gostaria de acompanhar? Ou melhor, você está em condições de seguir comigo?

— Claro que não, mas eu quero ir. Se Deus permitir, eu vou.

Juntos, entramos pelos corredores. A primeira pessoa que avistei foi mamãe, que estava transtornada e em prantos. As enfermeiras haviam retirado minha mãe do quarto, e o médico tinha dado a devida medicação. Fui direto ao quarto, havia um médico com duas enfermeiras, e oito ou mais Espíritos próximos, instante em que me lembrei do Juninho.

Ninguém é jovem ou velho demais para viver isso. Os amigos espirituais desatavam perispiritualmente papai daquele corpo, que já não lhe atendia mais, enquanto o médico lutava para trazê-lo de volta. *Parecia uma guerra, uma verdadeira guerra de braços!*

Tal eram as dificuldades que Daniel preferiu estimular o coração carnal de papai para que o médico entendesse como uma ressuscitação, método que funcionou muito bem, deixando o médico satisfeito. Retirou-se do quarto e os mentores da vida eterna continuaram a trabalhar.

O pior é que mamãe, acreditando nessa melhora, voltou ao quarto e abraçou papai.

— Carlos! Ah, meu querido... Eu o amo tanto, não me deixe sozinha. Perder Cristyna foi difícil, mas se eu perder você, não sei o que será de mim. São sete meses difíceis, desde o acidente, sem que você deixasse este hospital por um único dia.

— Mamãe, eu estou aqui, eu estou bem...

Daniel não me reprimiu pela conversa, ele sabia bem que o magnetismo de mamãe por papai era o que mais o prendia ali. Mesmo assim, ignoraram a minha conversa e continuaram a trabalhar. Aproximei-me de mamãe e sussurrei meu amor aos seus ouvidos.

— Daniel?

— Diga, Cristyna.

— Não leve meu pai, ainda.

— Ele me olhou com ternura e explicou:

— De fato, é possível prolongar[5] um pouco mais a permanência do seu pai entre os encarnados, porém é preciso avaliar a necessidade e o merecimento dos envolvidos. Assim, Cristyna, consultarei os mentores espirituais sobre o caso.

— Eu sei, por essa razão peço que você o ajude. Que, nesta noite, nos seja proporcionado o encontro de nós três.

— Cristyna, isso não depende apenas de mim e precisamos considerar também o estado do corpo de seu pai.

---

5 N.E.: Ver capítulo 17 do livro *Obreiros da vida eterna*, ditado pelo Espírito André Luiz ao médium Chico Xavier. Ed. FEB.

Daniel desmaterializou-se, enquanto os outros induziram papai a uma melhora, deixando-o corado e com os batimentos cardíacos estáveis.

Fiquei ali, ao lado de mamãe, vendo como ela olhava para o papai com ternura e compaixão.

À tardezinha, Daniel retornou, passou por mim sem dizer nada e avançou até o leito de papai. Sorriu serenamente. Os auxiliares aproximaram-se de mamãe e lhe induziram a bocejar.

— Daniel, vai acontecer!

— Sim, Cristyna, sua bondade e compreensão, nesse tempo todo lhe resultaram um presente.

— E que presente, Daniel! Um presente maravilhoso!

Mamãe acomodou-se em um pequeno sofá ao lado do leito de papai e, pouco a pouco, sob os passes de nossos amigos, ela foi adormecendo.

Carmem chegou e atraiu mamãe. De mãos dadas, elas vieram ao meu encontro.

— Cristyna?

— Sim, mamãe, sou eu.

Que abraço gostoso, que ternura!

— Mamãe, a senhora imagina o que estou por fazer aqui, não é?

— Não...

Sei que ela entendia perfeitamente o que aconteceria, apesar dessa resposta negativa. E continuou:

— Por quê? Sem você já está tão difícil, imagine sem a presença de seu pai! Será impossível viver... Leve-me também.

— Não, mamãe! A senhora ainda tem metas a cumprir; alegre-se, estamos bem.

Papai, por intermédio de Daniel, desdobrou-se.

— Por que está chorando, Helena?

— Carlos! Que bom ouvir sua voz! Não morra!

E papai afirmou:

— Por todos esses meses, nós já estávamos mortos. Que vida é esta, preso eu neste hospital e aprisionando você?

— Não. Nós vamos voltar para nossa casa, não vamos?

— Infelizmente, não, Helena. Hoje, você começa a viver sem nós.

Mamãe abraçou papai com força. Sei que ela não entendeu nada, mas, acho que ela acreditava que poderia segurá-lo para que ele não fugisse. Coisas de mamãe... Então eu entrei na conversa.

— Mamãe. Olhe para mim, o que a senhora vê?

— A minha menininha.

— Que bom. Estou bem, mamãe, estou bem e feliz. Realmente, mamãe, a senhora quer que o papai fique bem, ou fique aí, nesse leito?

— Não, não quero nada de mal para o seu pai.

— Eu sei. Liberte-o, então, por favor.

Mamãe ficou em silêncio, enquanto os Espíritos amigos desligavam papai do corpo físico, libertando-o, com o consentimento fraterno daquela companheira que lutara junto dele por todos esses anos.

Quando o cordão fluídico se desatou, os aparelhos ligados ao corpo físico de papai ficaram extremamente alterados. Tão logo o médico e as enfermeiras retornaram, usaram todas as suas técnicas e equipamentos para ressuscitação, porém tudo em vão; papai já estava abraçado a mim...

Aquele movimento, lógico, acordara mamãe, que, já no corpo físico, ainda viu tanto papai quanto eu dando-lhe um até breve.

Minha mãe levantou-se, olhou para o corpo do homem que a acompanhara por anos, deu-lhe um beijo e, com grande pesar, mas com extrema firmeza, disse-lhe adeus.

O médico e as enfermeiras ficaram perplexos com tamanha serenidade de mamãe; já os Espíritos amigos ali presentes aplaudiram. E eu só consegui orar.

— Vamos, Cristyna?

— Claro, que sim, Daniel.

— Fique tranquila, ela ficará bem.

— Eu sei.

Retornamos à Colônia, quando fui informada que papai já era esperado em outra colônia; não haveria muito tempo e, logo reencarnaria.

Dói, claro que dói, contudo, assim é a evolução!

Acompanhei-o até a sala de comunicação; de lá, ao quarto da nossa irmã recém-resgatada, pois queria mostrar ao meu pai, com alegria, o que houvera ajudado a fazer.

Entramos, e papai teve um *déjà vu*; tinha uma nítida impressão de conhecer aquela mulher.

— Pietra?!

— Oi!

Quando ela respondeu pelo nome dito por papai, quase desmaiei.

— Daniel? Como é possível?

— Antes da última existência, vivemos muitas outras. Somos criaturas em evolução. Carlos e Pietra se conheceram em uma dessas vidas; como, aqui, o véu do esquecimento vai se dissipando, podemos nos lembrar de algumas vivências passadas.

— Bem-vinda, Pietra...

Foram as melhores palavras que pude dizer.

Passei aquela noite inteira ouvindo papai e Pietra, já que eles partiriam no dia seguinte.

Pietra deixou-me chocada com suas histórias.

Mas, papai também dizia que, em outros tempos, Pietra era bondosa e amiga.

Nessa noite, a luz propagava-se do meu peito, do íntimo de meu coração, e seguia em direção superior, rumo a Deus.[6]

---

6 N.E.: Ver capítulo 19 do livro *Voltei*, ditado pelo Espírito Irmão Jacob ao médium Chico Xavier. Ed. FEB.

13
À LUZ DA VERDADE

Um novo dia surgiu e, pela manhã, como de costume, Daniel e os outros ajudaram os Espíritos a encontrarem a luz da verdade. Daquela vez, eram papai e Pietra que nos deixariam. Mas que tempo é esse? Afinal, sou imortal, portanto, esse tempo é relativo e poderia não existir para mim.

A luz resplandecia da sala e ganhava os céus!

— É, Daniel, mais uma etapa vencida.

— Verdade, Cristyna, e é maravilhoso constatar que aquela menininha que, em outra época conheci, hoje é um sinal de luz.

— E eu, Daniel, quando é que eu vou para outra Colônia?

— Vejo que está apressada. Quer nos abandonar?

— De forma alguma; ficaria aqui para sempre, contudo, sei que é necessário seguir na caminhada.

— Aprendeu bem! Entretanto, há muito o que aprender pelo estudo continuado e pelo trabalho perseverante no bem. Você ficará aqui por algum tempo ainda; creio que uns vinte anos, pelo menos.

— Como assim?!

— Carlos e Pietra estão programando uma nova vida, e nela, você será a primogênita.

— Papai e Pietra, mas e mamãe?

— Helena? Helena deverá ser um dos filhos do casal.

— E eu que pensava que não me assustaria com mais nada. Esta Pietra rompe com o amor de papai e mamãe.

— Na verdade, Cristyna, não é assim. Pietra e Carlos estiveram juntos em muitas encarnações, mas não na última, quando foi oferecida a Carlos e Helena a oportunidade de reencarnarem como um casal, para ajustarem pendências do passado. Agora, no entanto, torna-se necessário que Pietra e Carlos voltem a encarnar juntos a fim de prosseguirem sua jornada evolutiva.

— Que coisa! E a gente a resgatou justo às vésperas da desencarnação de papai!

— Nada é por acaso.

— Entendo!

— Agora, Cristyna, cabe a você manter-se no foco de suas ações e, sempre que quiser, poderá visitar seus futuros pais, quando estes estiverem de volta à vida corpórea.

Inusitado, não?! Assim era este fato. Iniciei a minha bateria de perguntas e, sem dúvida alguma, comecei a idealizar uma nova reencarnação, como diz Daniel, de meus novos pais.

Um dia após o outro: assim é que aprendemos a viver. Ninguém sabe tanto que não tenha nada de valioso para aprender!

Reunimo-nos por várias vezes com o propósito de programar nossa nova vida.

Pietra era muito simpática e, agora, já estava bem, mais consciente de suas obrigações.

Contudo, as revelações ainda não haviam terminado, e descobri que Tiago era a criança que Pietra havia afogado. Que coisa incrível! Desencarnara tão jovem e aqui era um garoto. Além disso, fora menina na Terra e homem aqui. Daniel explicava:

— A reencarnação se completa, segundo alguns estudiosos, aproximadamente aos 7 anos.[7] Após a desencarnação, o Espírito, a depender de uma série de fatores, pode adotar a aparência do perispírito de uma encarnação anterior.

Após meses de trabalho e muita dedicação, a programação reencarnatória de minha nova família estava completa. Tudo sob orientação e supervisão dos Mensageiros do Amor.[8]

Procurei Daniel, para contar-lhe, com muita alegria e satisfação, o que foi programado.

— Daniel, foi decidido que Pietra renascerá com deficiências no corpo físico, o que lhe exigirá resignação e humildade, despertando-a para o respeito ao veículo carnal. Quanto a mim, encarnarei e, pouco depois, desencarnarei, constituindo isso prova e expiação para meus pais.

---

7   N.E.: Ver capítulo 14 do livro *Missionários da luz*, ditado pelo Espírito André Luiz ao médium Chico Xavier. Ed. FEB; e questão 109 da obra *O consolador*, do Espírito Emmanuel.
8   N.E.: Ver capítulo 12 do livro *Missionários da luz*.

Assim, terão a oportunidade de aprender a valorizar a vida e os laços de família. Já mamãe, minha doce e querida Helena, e Tiago, também serão filhos de Carlos e Pietra. E é isso, Daniel, acha que vamos conseguir?

— Rogo, que sim, Cristyna, entretanto, vocês sabem muito bem, que, ao renascer, estarão condicionados ao livre-arbítrio, sem que se lembrem de suas escolhas, de suas propostas e programações.

— Sabemos bem disso, razão por que contamos com a ajuda dos amigos espirituais nessa nova jornada.

— A ajuda, minha menina, vem sim do Pai misericordioso. Quanto a nós, se Ele nos permitir, estaremos sempre com vocês.

Abracei Daniel com ternura e afeto. Nossa programação reencarnatória estava concluída. Se seríamos felizes? Não poderia afirmar, mas, a verdade estava presente: éramos, todos nós, Espíritos afins, comprometidos, ajudando-nos reciprocamente, rumo ao Criador.

Estávamos felizes! Essa seria uma reencarnação de união e, há muitos séculos, não vivíamos encarnados assim. Estaríamos juntos nos dois planos da vida, o material e o espiritual.

Então, supliquei! Orei pedindo as bênçãos do Mestre às criaturas de bem, que nos antecederam rumo a esta jornada, àqueles que lá estavam, aguardando-nos para nos instruir:

Senhor Jesus, abençoe a todos os Espíritos que lutam pela prática do bem, sejam eles encarnados ou desencarnados, que possam estar sempre ligados ao teu Evangelho. Que tenhamos tarefas a nos esperar e muitos problemas para resolver. Não

facilite as nossas experiências, para que possamos, por meio delas, nos ligar a ti.
Querido Mestre, envie teus Mensageiros do Amor, que eles desçam sobre a Terra e influenciem toda a humanidade encarnada, tocando seus corações e modificando suas razões.
Feliz, assim me sinto. Grata, assim estou.
Iluminada, sempre!

Abrindo os olhos, avistei Daniel junto de Carmem às sombras da figueira. Segui em sentido oposto, rumo ao muro de luz; e parei à sua frente, admirando todo o seu poder e magnitude.

Desta vez, eu atravessaria. Não sentia mais medo, nunca estaria sozinha, a minha fé se fortalecia o tempo todo naquele que nos deu um roteiro, um ensinamento, uma meta...

E o próprio amor!

POSFÁCIO

"Nascer, morrer, renascer ainda e progredir sem cessar, tal é a lei".

Ao reler esta história, em busca de constante inspiração, tomo emprestada a célebre frase que ocupa a lápide do túmulo de Allan Kardec, no cemitério Père-Lachaise, em Paris, na França.

Acredito ser absolutamente inevitável relembrar essa Lei, ao se deparar com as páginas deste singelo livro.

Trêmulo e emocionado, volto-me à lembrança de criaturas especiais que conheceram e conhecem a história deste projeto, desde o seu início, especialmente a minha esposa, Regiane, pois muitas foram as vezes que, assustada, perdia o sono nas madrugadas em que eu me propunha a escrever. É impossível esquecer-me do sr. Maurilo e da Élida, irmãos da Associação Espírita Humberto de Campos, de Indiaporã, que sempre me ouviam e me aconselhavam, mesmo que, na íntegra, não conhecessem o trabalho.

Aos amigos de coração, que com a ternura de sempre, foram os primeiros leitores desta história.

Desejo, de todo meu coração, depositando as boas energias neste pedido, que esta história faça pelas vidas de todos o que fez pela minha, dando-lhes o entendimento e a disciplina necessários para o melhoramento de nossa moralidade, permitido-nos evoluir constatemente.

Que a história de Cristyna seja a luz dos que buscam o sinal!

Eudes Vera
Indiaporã (SP), 11 de outubro de 2013.

SINAL DE LUZ				
EDIÇÃO	IMPRESSÃO	ANO	TIRAGEM	FORMATO
1	1	2014	5.000	14x21
1	IPT*	2023	IPT	14x21

*Impressão pequenas tiragens

www.febeditora.com.br
/febeditora /febeditoraoficial /febeditora

Conselho Editorial:
Jorge Godinho Barreto Nery – Presidente
Geraldo Campetti Sobrinho – Coord. Editorial
Cirne Ferreira de Araújo
Evandro Noleto Bezerra
Maria de Lourdes Pereira de Oliveira
Marta Antunes de Oliveira de Moura
Miriam Lúcia Herrera Masotti Dusi

Produção Editorial:
Elizabete de Jesus Moreira

Revisão:
Elizabete de Jesus Moreira
Manoel Craveiro

Capa e Projeto Gráfico:
João Guilherme Andery Tayer

Diagramação:
Rones José Silvano de Lima – instagram.com/bookebooks_designer

Foto da capa:
www.istockphoto.com/CuchulainMacLugh

Normalização Técnica:
Biblioteca de Obras Raras e Documentos Patrimoniais do Livro

Esta edição foi impressa no sistema de Impressão pequenas tiragens, em formato fechado de 140x210 mm e com mancha de 101x162 mm. Os papéis utilizados foram o Pólen Soft 80 g/m² para o miolo e o Cartão 250 g/m² para a capa. O texto principal foi composto em Adobe Garamond 13/15,6 e os títulos em Garamond Premier Pro 27/32,4. Impresso no Brasil. *Presita en Brazilo.*